Karlheinz Platz

Komm, steig ein

Autobiografische Erzählung

Zum Autor:

Karlheinz Platz wurde am 04. Februar 1956 in Frankfurt am Main geboren. Über den zweiten Bildungsweg studierte er Elektrotechnik und arbeitete bis 2015 als Informatiker. Nun widmet er sich ganz dem Schreiben und der Musik.

Impressum

2017, Laudatio Verlag
ISBN: 9789463426008

Dieses Buch ist den Brüdern Friedrich,
Heinz und Karl Platz gewidmet.

Vorwort

Eine Kindheit und Jugend in Frankfurt am Main zwischen 1956 und 1980. Eine junge Familie in der Blütezeit Nachkriegsdeutschlands, in der es scheinbar keine Vergangenheit gibt. Aber der Zweite Weltkrieg liegt wie ein unsichtbarer Schatten über dem neuen Leben. Die Mutter von zwei Kindern wurde aus der Heimat vertrieben, der Vater ist knapp dem Vernichtungsprogramm der Nazis und anschließend dem Tod als Soldat entkommen. Die Kinder erfahren nichts von dem tragischen Schicksal der Eltern. Bis auf wenige Andeutungen bleibt es anscheinend für immer deren Geheimnis.

Das vergangene Leid der Eltern als unsichtbare Last tragend wächst der Junge am Rand der Stadt auf. Das sorgenfreie Leben im Wirtschaftswunder bekommt Risse, etwas drängt ihn aus der Sicherheit der Friedenszeit hinaus in selbst gewählte Gefahren. Kindheitseindrücke zeigen in der Erinnerung bunt zusammen gewürfelte Flüchtlinge in der Nachbarschaft. Eine Neubausiedlung bietet ihnen eine neue Heimat. Ihr Leben ist geprägt von Unzufriedenheit, Abgrenzung und Neid. Auch die Kinderfreundschaften leiden darunter.

„Komm, steig ein“ erscheint eine Aufforderung zu sein, das Leben leichthin ohne Vergangenheit zu genießen. Jedoch entscheiden dramatische Zufälle über das Leben des Jungen in den 70-iger Jahren. Bis es zu einer Entscheidung über Leben und Tod kommt. Die Andeutungen der Eltern bringen den Erwachsenen zu Recherchen, die zu einer ergreifenden Erzählung über die Zeit zwischen 1939 und 1945 führen.

Sie macht deutlich, welche Leistung es war, nach dieser schrecklichen Zeit zu einem geregelten, kleinbürgerlichen Leben zu finden und eine Familie zu gründen.

Inhalt

1 Schlesien

Als Hans-Peter zur Welt kam, war Frankfurt weitgehend wiederaufgebaut. In manchen Straßen gab es noch Baulücken, in denen die Trümmer zu einem Berg zusammengeschoben lagen. Dazwischen schossen kleine Bäume hervor. Reichten die Steine zum Wiederaufbau nicht aus, verschloss man nur die Decke über dem Erdgeschoß mit einem Flachdach. Dieses Provisorium hielt oft noch Jahrzehnte. Wenn die Häuser nicht wiedererrichtet werden konnten, baute man neue Häuser. Diese sollten auf keinen Fall so aussehen, wie die alten vor deren Zerstörung. Wie zum Beispiel das Kaufhaus Woolworth in Sachsenhausen, ein fensterloser Betonklotz zwischen den wieder aufgebauten Gründerzeithäusern. Von ihm ist das warme Gebläse am offenen Eingang in Erinnerung geblieben. Es war so stark, dass er sich nicht traute, ohne die Hand seiner Mutters hindurchzugehen.

Nachdem die Trümmer des Krieges endgültig beseitigt waren, wurde ein paar Jahre später die Siedlung, in der er seine Kindheit verbrachte, gebaut. Eckige, schmucklose, aneinander gereihte Häuser am Rand der Stadt. Gleichförmige Wohnblöcke, die sich nur durch ihre Hausnummer unterschieden.

Seine Mutter freute sich immer wieder aufs Neue über die Zweieinhalbzimmerwohnung: Sie hatten eine Wohnung mit einer eigenen Toilette, ein eigenes Bad. Welch ein Luxus! Aber noch mehr freute sie sich über das viele Grün rundherum, über die damals noch unverbaute Natur am Stadtrand. Sie sog das Grün der Bäume, den Blick vom Balkon auf die bewaldeten Hügel des Taunus auf. Aber es konnte nicht das Grün ihrer Kindheit und Jugend ersetzen, welche sie in Schlesien verbracht hatte.

Hans-Peters Mutter, Elisabeth, wurde in einem Dorf mit dem Namen „Kamitz“ geboren. Sie wohnte in einem Haus mit Garten und Obstbäumen. Dahinter floss ein Bach, den die Kinder im Sommer stauten bis ein Schwimmbecken entstand. Dort hatte sie schwimmen gelernt. Im Hof gab es Ziegen und Gänse. Die jungen Zicklein mochte sie besonders gerne. Die Gänse bewachten den Hof. Wenn sie nachts zum Klohäuschen über den Hof musste, stellten sich die Gänse ihr lauthals schnatternd und fauchend in den Weg, so dass sie manchmal aus Angst, unverrichteter Dinge zurück ins Haus ging.

Das einzig Schlimme, von der sie aus ihrer Kindheit berichtete, war, als sie die jungen Ziegen zum Schlachter bringen musste. Sie konnte nicht verstehen, warum ausgerechnet sie und ihre Schwester diese schreckliche Aufgabe übernehmen mussten. Ihr Gesicht krampfte sich zusammen und es schüttelte sie, wenn sie erzählte, wie die Ziegenmutter danach noch stundenlang gejammert hatte.

Seinen Großvater kannte H.-P. nur aus Erzählungen. Er sei ein gutmütiger, ruhiger Mann gewesen, der seine Kinder liebte. Anfänglich war er Bauer, aber bald musste er die wenigen, kargen Äcker aufgeben. Die Böden waren zu unfruchtbar. Er erlernte die Tischlerei und hielt Gänse und Ziegen. Dann starb seine Frau, mit der er drei Kinder hatte. Er heiratete ein zweites Mal und Hans-Peters Mutter und noch ein weiteres Mädchen kamen zur Welt.

Aber das Glück war nicht von Dauer. Seine zweite Frau starb als Hans-Peters Mutter Elisabeth zwölf Jahre alt war. Elisabeth war ein scheues Kind, das noch nicht die Stärke eines Erwachsenen besaß. Der Tod ihrer Mutter verwirrte und verunsicherte sie.

Erzählte sie H.-P. vom Tod ihrer Mutter, stockten ihre Worte und sie bekam einen fahrigen Blick.

Aber Elisabeth hatte noch ihren Vater, ihre Geschwister, das Haus, den Hof mit den Tieren und letztendlich ihre Heimat. Außerdem war da noch ihre von allen Kindern geliebte Tante Tilli, Vaters alleinstehende Schwester. Sie kümmerte sich jetzt besonders um ihre Nichten. Tilli wohnte in der 30 Kilometer entfernten Stadt Neiße, wo die Kinder meist die Ferien verbrachten. Für Elisabeth war Tante Tilli ein besonderes Glück. Ein Glück, das sie nicht erwartet hatte und wie vom Himmel gefallen schien. Noch in Frankfurt zehrte sie von der Wärme und Liebe der guten Tante. Ihr Vater hatte auch ein gutes Herz, aber er neigte zur Schwermut. Nach außen hin funktionierte er. Aber innerlich war er gebrochen. Hinzu kam, dass er immer wieder arbeitslos wurde. Tilli hatte erkannt, dass die Kinder Unterstützung brauchten.

Tillis Eltern waren mit ihrer kleinen Landwirtschaft auch nicht reich. Wurde das einzige Schwein geschlachtet, mussten der Speck und das Fett für ein Jahr ausreichen. Die Landwirtschaft reichte nicht für die Ausbildung aller Kinder aus. Tilli hatte trotzdem Schreibmaschine und Stenographie gelernt und so eine Anstellung auf dem Landratsamt bekommen. Sie kaufte Kleider für ihre Nichten und nahm sie sonntags mit in ein Caféhaus, wo Tillis Bruder Heinrich in einer Musikkapelle Klavier spielte.

Heinrich war das Glück zugefallen, dass ein fremder jüdischer Mann sein Talent erkannt hatte und ihm daraufhin den Klavierunterricht bezahlte. So konnte Heinrich als Pianist im Caféhaus-Orchester seinen Lebensunterhalt verdienen. Er war ein eleganter Mann mit viel Pomade im Haar. Zu humorvollen

Passagen lächelte er beim Spielen den Gästen zu und verbeugte sich bescheiden und verlegen zum Applaus. Hin und wieder kam der jüdische Gönner als anonymer Gast ins Café. Er war weiterhin von Heinrichs Talent überzeugt und finanzierte ihm später sogar noch das Musikstudium.

Elisabeths Traumberuf war Kindergärtnerin. Auf dem Land gab es aber keine Stellen. So machte sie notgedrungen eine Lehre als Haushälterin in einer Försterei in einem Nachbarort. Tilli kannte natürlich den Berufswunsch ihrer Nichte. Während sie in der Försterei die Lehre beendete, besorgte Tilli ihr eine Stelle als Vorschülerin in einem Kindergarten in Neiße. In der letzten Lehrwoche kam Tilli nach Kamitz und überraschte sie mit der Stelle im Kindergarten.

Elisabeth wusste nicht, wie sie ihrer Tante danken sollte. Selbstverständlich bot ihr Tilli ein Zimmer in ihrer Wohnung in Neiße an und sie zog zu ihr. Alles war so, wie sie es sich gewünscht hatte. Sie war bei ihrer Tante und in der Stadt. Abends erzählte sie ihr übersprudelnd vom Kindergarten und Tilli hörte ihr geduldig und aufmerksam zu. An den Wochenenden bummelten sie durch die Einkaufsstraßen und schauten sich die Auslagen hinter den Fensterscheiben an. Wenn Elisabeth etwas besonders gefiel, nickte Tilli stumm hinter ihrem Rücken und merkte sich, was es war. Sie freute sich auf den Moment, wenn sie es schön verpackt verschenken würde. Dann gingen sie in das vornehme Caféhaus am Park, aßen Kuchen und hörten der Musik von Onkel Heinrich und seiner Kapelle zu. Am Abend schlenderten sie beschwingt nach Hause. Die Musik hatte sie vollkommen ausgefüllt. Zuhause summten sie die Melodien nach und sangen Lieder, die sie auswendig kannten. Tilli zeigte ihr die ersten Tanzschritte und die beiden tanzten zu ihrem eigenen Gesang durch das Wohnzimmer.

Aber nach kurzer Zeit, schon im November 1944, bekam Elisabeth einen Einberufungsbefehl zum Arbeitsdienst in eine Försterei in der Nähe von Bremen. Sie wäre natürlich viel lieber in Neiße geblieben. An einen Widerspruch war aber nicht zu denken. Besonders schwer war der Abschied im Kindergarten. Widerwillig packte sie nur das Notwendigste und rechnete sich aus, in drei Monaten wieder zurück in Schlesien zu sein. Von Neiße fuhr sie einen ganzen Tag mit dem Zug über Bremen nach Bruchhausen-Vilsen zu der ihr zugewiesenen Försterei. Am Bahnhof holte sie der Förster mit einem Pferdewagen ab. Er war ein großer, schweigsamer Mann, der sich bemühen musste, mit ihr hochdeutsch zu reden. Schweigend fuhren sie bis zum Ortsausgang, wo sie in einen Waldweg abbogen und in die völlige Dunkelheit des Waldes eintauchten. Im Forsthaus begrüßte sie die Försterin kurz und bald gingen alle zu Bett.

Am Morgen ihres ersten Arbeitstages wurde sie von der Försterin geweckt. Mit kargen Worten erklärte sie ihr, was sie zu tun hatte. Sie hörte aufmerksam und schüchtern zu, bevor sie ihre Aufgaben mit gründlichem Fleiß erledigte. Die Försterin beobachtete sie aus den Augenwinkeln und sah, dass ihre neue Hilfe etwas von ihrer Arbeit verstand. Sie sah, wie ordentlich sie aufräumte, putzte und in der Küche das Essen vorbereitete. Schnell gab sie ihre anfängliche Reserviertheit auf. Nach kurzer Zeit war das Försterehepaar sehr zufrieden mit ihr und sie wurde freundlich in deren Mitte aufgenommen.

Außerhalb des dichten Waldes breitete sich der Krieg aus und Elisabeth ahnte nicht, was das für sie noch bedeuten würde.

Am 17. Februar 1945 ging Tilli besonders früh zur Arbeit. Es lag eine unheimliche Anspannung in der Luft; Passanten eilten, schnellen Schrittes nach vorne strebend, durch die Straßen, Militärautos holperten eilig über das Kopfsteinpflaster und Soldaten strömten zu ihren Kasernen. Die Ostfront rückte unaufhaltsam gen Westen und die Menschen versuchten, sich auf das Schlimmste vorzubereiten Auch Tilli wollte gleich nach der Arbeit alles an Vorräten besorgen, was es noch zu kaufen gab. Die ohnehin knappe Versorgung wurde täglich schlechter und sie sorgte sich um ihre Nichten. Am Nachmittag wollte sie ihnen Essen und Kleidung vorbeibringen. Sie war mittlerweile zur Sekretärin des Amtsleiters aufgestiegen. Zum Glück wollte auch er heute früh nach Hause und so konnte sie pünktlich das Landratsamt verlassen. Tilli eilte zur Straßenbahn, die gerade in Mitte der Straße hielt. Die Bahn war brechend voll und sie versuchte, auf dem Trittbrett stehend, hineinzukommen. In diesem Moment zwängte sich ein deutscher Panzer zwischen der Bahn und dem Bürgersteig durch die Straße. Tilli hatte nur mit einer Hand den außen angebrachten Haltegriff zu fassen bekommen und stand in diesem Moment mit nur einem Beim auf dem Trittbrett. Sie sah den Panzer kommen, zum Wiederabspringen war es zu spät. Aber in die Bahn hineinzukommen war auch unmöglich. Der Panzer streifte Tilli und ihr Mantel verfing sich in der Panzerkette. Sie wurde mitgerissen und an der Kette hängend nach vorne und dann mit den Beinen unter den Panzer gerollt. Der Panzer fuhr weiter und Tilli lag mit zertrümmerten Beinen auf der Straße. Sie wurde in das Neißer Krankenhaus gebracht, wo sie zwei Stunden später starb.

Tillis Tod traft die Familie schwer. Sie hatte allen Wärme und Geborgenheit gegeben. Sie war das Herz der Familie, ihr Tod klaffte wie eine offene Wunde in deren Mitte.

Die meisten Kinder hatten das Elternhaus bereits verlassen, nur Großvater mit seiner Tochter Hedel waren noch in Kamitz. Elisabeth war in Bruchhausen-Vilsen, der Sohn im Krieg, die beiden Töchter Magda und Rosel waren nach Berlin abberufen worden.

Rosel als Marinehelferin und Magda als sogenanntes Blitzmädel. Beide tippten Briefe ab, nahmen Bestellungen der Wehrmacht entgegen und flitzte mit Telegrammen in der Hand durch die Gänge der militärischen Amtsstuben.

Magda lernte einen jungen österreichischen Soldaten kennen und wurde schwanger. Niemand wusste später unter welchen Umständen sie sich begegnet waren und was ihn nach Berlin geführt hatte. Sie verbrachten nur kurze Zeit miteinander, schon bald musste er Berlin verlassen. Magda blieb alleine zurück. In der Stadt, wurde die Lage immer schlechter. Mittlerweile gab es mehrmals am Tag Fliegeralarm und sie musste die meiste Zeit in einem Luftschutzbunker verbringen.

Rosel ereilte ein schlimmeres Schicksal. Die ständigen Luftangriffe, das Rennen im Sirenengeheul zum Bunker, die Angst zu spät zu kommen und vor verschlossener Tür zu stehen, die Stunden und Tage im Bunker, durch dessen Wände das unheimliche Pfeifen, Dröhnen und Krachen der Bomben drang, raubten ihr den Verstand. Sie zog sich in sich zurück und begann, mit sich selbst zu reden. Sie machte Fehler bei der Arbeit, wenn sie gescholten wurde, murmelte sie Unverständliches. Ihr Vorgesetzter meldete sie wegen Verrücktheit als arbeitsuntauglich. Pfleger einer Heilanstalt holten sie ab und brachten sie in eine geschlossene Anstalt. Was mit ihr bis Kriegende und die ersten Jahre danach geschah, blieb verborgen. Sie verbrachte mehr als 40 Jahre in verschiedenen Anstalten, bis sie H.-P.s Eltern in den achtziger Jahren in ihre Wohnung holten.

Großvater wurde immer stiller, manchmal stand er minutenlang vor sich hin grübelnd im Stall. Erst starben seine beiden Frauen, dann Tilli und nun verschwand Rosel hinter den Mauern einer Irrenanstalt. Er vernachlässigte das Haus und die Tiere. Wenn er seinen Töchtern etwas erklärte, verlor er immer öfter den Faden. Dann entstand ein peinliches Schweigen, bis er ohne eine weitere Erklärung wegging. Seine Tochter Hedel schrieb in ihrer Angst um den Vater ihrer Schwester Magda und bat sie zurück nach Hause zu kommen.

Magda war gerne nach Berlin gegangen. Ihre Arbeit verschaffte ihr Ansehen und Geld. Sie war hier zu einer gut aussehenden jungen Dame herangewachsen. Wenn sie im schicken Kleid mit Hut über die breiten Bürgersteige schlenderte, schauten ihr die Männer nach. Aber jetzt musste sie mit ihrem Kind im Bauch im Sirenengeheul vor den herannahenden Bombengeschwadern um ihr Leben rennen.

Sie kannte die dunklen Seiten von Vaters Gemüt. Als sie Hedels Brief las, sah sie ihn in Gedanken mit sorgenvollem Gesicht am Küchentisch sitzen. Sie spürte, dass Ihre Zeit in Berlin zu Ende ging. Sie musste zurück nach Schlesien und stellte einen Antrag auf Dienstbefreiung. In korrektem Amtsdeutsch verwies sie darin auf die Notlage im Elternhaus. Diesem Antrag wurde stattgegeben und Magda zog wieder in das Elternhaus. Sie fand eine Anstellung in einem Buch- und Notenladen in der nächsten

Kleinstadt Patschgau. Abends kümmerte sie sich um ihren Vater und den Haushalt.

Zwei Monate später marschierten russische Soldaten in Schlesien ein. Ihnen folgten Umsiedler aus Ostpolen, die wiederum die Russen auf ihrem Vormarsch nach Westen aus ihren Häusern vertrieben hatten. Sie drangen mit vorgehaltenen Waffen in jedes Haus. Waren die Türen verschlossen, schlugen sie sie mit ihren Gewehrkolben ein. Als die russischen Soldaten die Tür zum Haus der Großeltern aufstießen, saßen Großvater, Hedel und Magda beim Essen. Die Eindringlinge zielten mit Gewehren auf sie und brüllten: „Raus hier, schnell!". Großvater deutete mit einer flehentlichen Geste auf die Suppenteller. Mit einem missbilligenden Ton und einer Handbewegung gab er ihnen zu verstehen, dass sie noch fertig essen durften. Der Soldat blieb mit dem Gewehr in der Hand am Tisch stehen und rief immer wieder bystra, schnell. Während sie zitternd ihre Löffel zu den Mündern führten, drangen die Soldaten in die Zimmer ein. Sie rissen Schränke und Schubladen auf, was ihnen gefiel oder wertvoll erschien, nahmen sie mit, den Rest ließen sie zu Boden fallen. „Zehn Minuten, dann raus", schrien sie und zogen weiter. Großvater packte das Notwendigste in Koffer und Taschen und lud es auf einen Leiterwagen. Dann verließ die Familie Kamitz, den Leiterwagen hinter sich herziehend. Ohne zu wissen wohin sie gehen sollten, liefen sie die lange Dorfstraße Richtung Ortsausgang.

Magda musste immer wieder anhalten, ihr schmerzte der Rücken. Am späten Nachmittag unterbrachen sie ihre Flucht und suchten nach einem Nachtlager. In einem Haus zu übernachten, hätte bedeuten können, ein zweites Mal mit vorgehaltenen Waffen vertrieben zu werden. Das Wetter war gut, und es war kein Regen zu erwarten. Sie beschlossen, an einer geschützten Stelle am Waldrand ihr Lager aufzuschlagen. Sie spannten eine Plane zwischen Leiterwagen und Boden und krochen darunter. In der Dämmerung beklagte sich Großvater, dass sie zu wenig von ihrem Hab und Gut mitgenommen hatten. Besonders weh tat ihm, dass er das einzige Foto seiner zweiten Frau, das Hochzeitsfoto über seinem Bett, nicht mitgenommen hatten. Magda konnte den Kummer ihres Vaters nicht ertragen und sagte, dass sie das Foto holen würde. Es war gefährlich, noch einmal zurückzukehren, aber Magda ließ sich nicht davon abbringen. Einer schwangeren Frau würden die Russen doch nichts antun und vielleicht waren sie auch schon nicht mehr da. Nach Einbruch der Dunkelheit schlich sie zur Landstraße. Sie lauschte angespannt nach jedem Geräusch und huschte hinter die Alleebäume entlang der Dorfstraße. Auf Umwegen erreichte sie den Bach hinter ihrem Haus. Sie überquerte den kleinen Steg zum Garten und kauerte sich hinter die große Kastanie auf der Wiese. Bisher war ihr niemand begegnet. Das vertraute Rauschen des Baches gab ihr Mut, es war der Klang ihres Zuhauses. Als alles ruhig und dunkel blieb, schlich sie sich ins Haus. Es hatte sich noch niemand einquartiert, aber es waren wieder Leute darin gewesen. Denn nun fehlten auch schon einzelne Möbelstücke. Als sie das Schlafzimmer im ersten Stock betrat, schien durch die Fensterscheiben das Mondlicht. Ein unangenehmer Geruch stand im Raum. Das verzierte Ehebett der Eltern war das Schmuckstück der Familie. Großvater hatte nach dem Tod seiner zweiten Frau ihr Federbett und das Kopfkissen auf dem Bett belassen. Das immer korrekt gemachte Ehebett war zerwühlt, auf der Decke waren Spuren von Schuhen und braune Schlieren, in der Mitte lag ein Haufen Scheiße. Magda raffte das über dem Bett hängende, gerahmte Hochzeitsfoto unter ihren Arm und schlich aus dem Dorf.

Am nächsten Tag gingen sie nach Patschgau. Dort waren Zettel angeschlagen, auf denen stand, dass alle Deutschen Schlesien unverzüglich zu verlassen hätten. Wer sich weigerte, würde auf der Stelle erschossen. Ein Nachbar berichtete, dass sie den Vater der Familie Klein erschossen hätten. Er war unter den Augen der russischen Soldaten noch einmal zurück in sein Haus gegangen, um noch schnell etwas heraus zu holen. Bevor er die Tür erreichte, schoss ihn ein Soldat von hinten nieder.

Großvater stand vor dem Aushang am Rathaus. Auf der Straße zog ein unablässiger Menschenstrom vorbei. In ihrer Straßenkleidung mit schwarzen Schuhen und Hüten hätte man meinen können, dass sie auf einem Sonntagsausflug seien. Aber dazu passte nicht, dass sie vollbepackt waren mit Taschen und Rucksäcken und Handwagen hinter sich herzogen. Ohne ihre Taschen abzusetzen, überflogen den Text und zogen schweigend weiter.

Auf einem anderen Zettel stand, dass in Neiße Züge zusammengestellt würden, die die Flüchtlinge außer Landes bringen würden.

Hinter Patschgau lag der Gasthof zu Schönau. Kurz vor Schönau setzten Magdas Wehen ein. Großvater und Hedel legten sie auf den Leiterwagen und zogen die unter Wehen stöhnende Frau in den Ort. Vor dem Gasthof nahmen sie sie unter die Arme und stießen die Tür auf. Darin stand ein russischer Soldat, der sie anschrie und nach draußen drängen wollte. Aber beim zweiten Blick sah er Magdas dicken Bauch und hörte sie stöhnen. Er brummte verächtlich, aber ließ sie einkehren. Magda wurde auf ein eilig frei gemachtes Bett gelegt. Die Wirtin holte zwei weitere Frauen herbei und besorgte eine Schüssel mit heißes Wasser und Tücher. Dann drängten sie Großvater und Hedel aus der Stube und schlossen die Tür.

Unruhig die Zeit vertreibend ging der Großvater durch den Ort. Freude, Verzweiflung und Hoffnung wechselten sich ab. Im Gasthof bekam seine Tochter ein Kind und er würde Opa werden. Aber wie wollten sie das Kind ernähren, sie hatten ja selbst nichts zu essen und wo sollten sie leben? Stunde um Stunde lief er im Dorf umher. Immer wieder lauschte er vor dem Gasthof bis es drinnen endlich still wurde und er einen Babyschrei vernahm. Er stürzte hinein, auf dem Bett lag Magda mit dem Baby im Arm.

Das Kind musste schnellsten getauft werden. Großvater fand unter den Vertriebenen im Gasthaus einen Pastor, die beiden Geburtshelferinnen boten sich als Taufzeuginnen an. Am nächsten Morgen verließen sie das Gasthaus Richtung Kirche. Der Soldat in der Tür ließ ihn und seine beiden Töchter passieren, stellte sich aber der beiden Taufzeuginnen in den Weg: „Ihr nix Kirche, abwaschen Geschirr in Küche." So wurde Magdas Baby ohne Taufzeugen auf den Namen Regine getauft. Nach der Zeremonie war die Geduld der russischen Soldaten erschöpft. Schon während des Gottesdienstes hatten sie sich vor der Kirche postiert. Als die Gemeinschaft herauskam, brüllten sie Unverständliches in Russisch, aber ihre Absicht war klar: Sie zeigten mit ihren Gewehren Richtung Ortsausgang. Schweren Herzens setzte sich die Familie in Bewegung. Die Russen fühlten sich durch ihr langsames Gehen provoziert, sie eilten ihnen hinterher und stießen sie mit ihren Gewehrkolben in die Schultern.

Regine schrie unentwegt. Magda war geschwächt und hungrig, ihre Milch reichte nicht aus. Hin und wieder gelang es ihnen, Babymilch zu besorgen. Aber selbst nachdem Regine Mutter- und Babymilch getrunken hatte, schrie sie. In Schönau hatte ihnen jemand einen korbgeflochtenen Kinderwagen geschenkt. Aber sobald sie Regine hineinlegten, schrie sie. Mit einem schreienden Baby auf dem Arm zogen sie über die Landstraße Richtung Neiße. Es war warm und sie mussten ihre Mäntel ausziehen. Immer wieder hielten sie an und versuchten, Regine in den Wagen zu legen, aber dann schrie sie noch lauter. So trugen sie sie auf den Armen.

Nach einer weiteren Nacht im Freien erreichten sie Neiße. Zum Glück hielt das Wetter. Am Bahnhof herrschte ein fürchterliches Durcheinander, erschöpft ließen sie sich auf dem Bahnhofsplatz nieder und nickten ein.

Als sich Großvater ein wenig erholt hatte, inspizierte er den Kinderwagen. Er legte Mäntel und das Deckchen zur Seite und nahm die mit Stroh gefüllte Matratze heraus. Auf der Unterseite krabbelten winzige, papierdünne Insekten. Der Kinderwagen war voller Wanzen.

Am nächsten Tag fuhr ein Zug mit Viehwagons Richtung Berlin ein. Bewaffnete Soldaten drängten die Flüchtlinge in die Waggons.

Nach tagelanger Fahrt mit vielen Unterbrechungen erreichten sie einen Ort in Ostfriesland. Der Bürgermeister hatte die Bewohner der Gemeinde über die ankommenden Flüchtlinge informiert. Jeder Bauer musste Flüchtlinge aufnehmen. Einzelne Bauern maulten: „Wir haben doch selbst nicht genug zu essen" oder „Was gehen mich die Hungerleider an, sollen sie doch sehen, wo sie bleiben." Der Bürgermeister entgegnete ihnen jedoch in scharfem Ton: „Wer sich weigert, wird bestraft!" Dann nahm er den Flüchtlingszug am Bahnhof in Empfang. Hungrig, übermüdet und verdreckt krochen Großvater, Magda und Hedel aus dem Waggon. Regine schlief in Magdas Armen. Vor ihnen standen, im Halbkreis aufgestellt, friesische Bauern. Sie blickten verächtlich auf die Flüchtlinge und tuschelten untereinander in einer für die Ankommenden unverständlichen Sprache. Der Bürgermeister verteilte den Zug auf die einzelnen Bauernhöfe. Ein typisch friesischer Bauer mit blauer Kappe und einer Pfeife im Mund musste meinen Großvater und seine Töchter aufnehmen. Wortlos lief er vorne weg. Sie bogen in einen schnurgeraden Sandweg mit Alleebäumen, der an einem Kanal entlangführte, ein. Auf einem Straßenschild mit Pfeil stand „Wittensand".

Die Gruppe konnte mit dem Tempo des Bauern nicht mithalten und verlor den Anschluss, aber es ging ja ohnehin nur geradeaus. In großer Entfernung sahen sie einen von Bäumen eingeschlossenen Hof, in den der Bauer einbog. Dort sollte also ihr neues Zuhause sein. Magda blicke über das flache Land mit Birken und Mooren. Hier war es ganz anders als in Schlesien mit dem Riesengebirge und seinen hohen Tannen, aber Magda fiel trotz der Strapazen der Flucht die Schönheit der Landschaft auf. Das flache Land war von schmalen, rechtwinklig angeordneten Kanälen durchzogen, an deren Ufern Bäume standen, die der Wind in eine Richtung gebeugt hatte. Auf einer Weide standen Kühe, die die sonderbaren Neulinge mit großen Augen anglotzten. Sie musste immer wieder anhalten, um ihren Koffer abzusetzen. Schwitzend erreichten sie nach einer Stunde den Hof.

Das Bauernhaus war ein typisch niedersächsisches Wohnstallhaus. Den Stall erreichte man nur über den Weg durch den Wohnbereich. Der Bauer verbot den „schieß Flüüchtlingen“, durch seine gute Stube zu gehen. Er deutete auf ein offenes Fenster an der Seite des Hauses: „Dat is eurere Ingang.“ Sie hoben ihre Koffer durch das Fenster, Magda klettere als erste hinein, dann half sie den anderen nach.

Sie stellten ihre Koffer beiseite, ein Viehgatter war leer und mit frischem Stroh ausgelegt, das war also ihr Schlafplatz. Erschöpft legten sie sich hinein und schliefen ein.

Später kam die Bauersfrau und brachte ihnen eine Suppe. Sie deutete auf das Bündel in Magdas Armen und Magda reichte ihr das Baby. Die Bäuerin nahm es hoch und schaukelte es in den Armen. Dann gab sie es zurück und sagte mit Gesten unterstreichend: „Ihr warten, ick hol mal wat für dat Kind“. Nach einer Weile kam sie mit einem Fläschchen warmer Babymilch zurück.

Zur gleichen Zeit, in nur 115 Kilometern Entfernung, kauerten das Försterpaar und Elisabeth in einem vom Förster ausgehobenen Luftschutz-Erdloch und lauschen der Bombardierung von Bremen. Als die Motorengeräusche der Bombengeschwader in der Ferne verschwanden und das unheimliche Krachen und Dröhnen in weiter Entfernung endlich verstummte, wagten sie sich heraus. Auf dem Waldweg stehend, sahen sie einen hellroten Schein an Himmel. Es war das brennende Bremen, das noch hier in 40 Kilometern Entfernung zu sehen war.

Elisabeth schrieb regelmäßig Briefe nach Hause. Die Antwortbriefe kamen mit immer größerer Verspätungen. Der erste Brief, der sie nach langer Pause erreichte, enthielt die Nachricht von Tillis Tod. Als sie ihn las, glaubte sie, den Boden unter den Füßen zu verlieren. Die Tante war ihr innerer Halt in dieser schrecklichen Zeit, sie war ihre seelische Stütze. Die Tante war immer für sie da gewesen. Eine tiefe, scheinbar niemals enden wollende Trauer kehrte in ihr Leben ein.

In ihren Träumen war sie immer wieder zuhause in Kamitz. Sie träumte, dass sie im Bach badete. Buben hatten den Bach so sehr gestaut, dass sie und Magda den Boden unter den Füßen verloren. Sie griff nach ihrer Schwester, konnte sie aber nicht erreichen. Das Wasser stieg weiter und als ihr Kopf unter Wasser war, wachte sie verstört und zitternd auf.

Später erreichte sie ein Brief vom Vater. Als sie die unbekannte Absenderadresse sah, stockte ihr erneut der Atem und eine schlimme Angst stieg in ihr auf. Mit klopfendem Herzen öffnete sie den Brief und las: „Aus der Heimat vertrieben, Schlesien jetzt Polen, die Familie verteilt in Häuser fremder Menschen, ein neues Leben im fremden Ostfriesland.“ Immer wieder las sie den Brief von vorn, in ihrem Kopf drehten sich die Worte. Sie hatte Schlesien doch nur für ein Jahr Arbeitsdienst verlassen. Es schien ihr einfach unmöglich, nicht mehr zurück gehen zu können. Sie versuchte den Gedanken, dass sie ihre Heimat für immer verloren hatte, zu verdrängen. Der Brief lag wie schlimmes Gift in ihrer Stube.

So wie sie den Verlust ihrer Heimat nicht wahrhaben wollte, wollten die meisten Deutschen nicht wahrhaben, dass Deutschland kapituliert hatte, Hitler tot war und Deutschland alles verloren hatte. Damit war auch Magdas Reichsarbeitsdienst beendet und sie musste die Försterei verlassen. Zusammen mit einer anderen schlesischen Arbeitsdienstmagd aus der Umgegend wurde sie nach Oldenburg einem Seminarhaus für Kindergärtnerinnen zugewiesen. Aber das Heim wurde bald aufgelöst und sie kam als Magd auf einen Bauernhof außerhalb Oldenburgs. Dort packte sie ohne viele Worte an, arbeitete fleißig und gründlich, so wie sie es gelernt hatte. Auch hier dauerte es nicht lange, bis Mutter zu einem willkommenen Mitglied des Hofes wurde. Wie gerne auch die Bauersleute sie bei sich behalten hätten, sie sehnte sich nach ihrer Familie. Am meisten sehnte sie sich nach ihrem Vater. Immer wieder las sie seinen Brief, in dem zwar stand, wie gerne er seine Tochter wieder bei sich haben würde. Aber der Vater riet ihr auch, erst einmal zu Tillis Bruder Heinrich zu gehen. Heinrich hatte nach dem Ende seines Musikstudiums eine Anstellung im Rundfunkorchester Pforzheim bekommen, hatte geheiratet und lebte nun dort. Wo der Vater jetzt war, seien die Menschen so fremd und abweisend, dass sie besser beim Onkel aufgehoben wäre.

Elisabeth musste dem Rat ihres Vaters gehorchen. Aber eine so weite Reise war jetzt nicht möglich. In Deutschland war Stunde null. Es fuhren kaum Züge, es gab keine Fahrpläne, überall campierten Menschen unter freiem Himmel. Es herrschte Hunger, jeder nahm sich das, was er kriegen konnte. Für eine 17-jährige Frau konnte eine tage-, gar wochenlange Reise durch Deutschland sehr gefährlich sein.

Zufällig lernte sie in Oldenburg ein Ehepaar kennen, das auch nach Pforzheim wollte. Endlich konnte sie Vaters Wunsch erfüllen und schloss sich dem Paar an. Die Bäuerin hatte sie in ihr

Herz geschlossen und ließ sie nur wiederwillig gehen. Aber sie wusste natürlich, dass sie sie nicht aufhalten konnte. Zum Abschied packte sie ihr einen Rucksack mit Reiseproviant.

Mit dem Brief und der Adresse vom Onkel machte sie sich im Sommer 1945 auf den Weg. Der Bremer Bahnhof lag in Trümmern und es herrschten anarchische Zustände. Die Bewohner, deren Häuser zerstört waren, verließen Bremen. Soldaten in Zivil wollten zurück zu ihren Familien. Die aus dem Osten Vertriebenen strömten nach Westen. Millionen Menschen wollten zu ihren Verwandten. Viele hatte Angehörige und Freunde verloren. Kinder ohne Eltern bettelten nach Essen. Die Leute drängten sich rücksichtslos in die überfüllten Züge. Das Ehepaar drängte in den ersten Zug Richtung Süden, aber Elisabeth schaffte es nicht, hineinzukommen und musste alleine zurückbleiben. Auch am nächsten Tag scheiterte sie, in den Zug zu gelangen. Die Leute drängten brutal nach vorne und nur die Stärksten gewannen. Nachdem der heillos überfüllte Zug mit dem Ehepaar den Bahnhof verlassen hatte und der Qualm der Dampflok verzogen war, setzte sie sich auf ihren Rucksack, kauerte zusammengefallen auf dem Bahnsteig und kämpfte gegen die Tränen an. Plötzlich tippte ihr jemand auf die Schulter, sie sah hinter sich und da stand ihr ehemaliger Schulkamerad Josef. Sie fielen sich in die Arme und sie überhäufte ihn mit Fragen. Sie wollte von ihm hören, dass es nicht stimmt, dass Schlesien jetzt polnisch war und sie nicht mehr zurückkehren durfte. Sie wollte, dass er sagte, dass die Polen wieder gehen würden und sie danach wieder zurück in die Heimat könnte. Josef schüttelte nur stumm den Kopf und vermied es, sie anzuschauen. Dann saßen sie lange auf ihrem Gepäck und starrten vor sich hin. Sie wollte ihn nicht gehen lassen. Bald fielen ihr keine neuen Fragen mehr ein und sie wiederholte das schon Gefragte, auf das Josef auch jetzt keine neuen Antworten wusste. Später fuhr ein Zug ein, Josef reichte ihr die Hand und bahnte einen Weg durch die Menge. Dann schob er sie mit aller Gewalt in den Zug. Ohne sich von ihm verabschieden zu können, stand sie im Gang des Wagons, eingeklemmt zwischen Menschen, Koffern und Kisten.

Die Fahrt dauerte mehrere Tage und Nächte und ging bis nach Frankfurt am Main Hauptbahnhof, wo alle Züge aus dem Norden endeten. Wer weiter wollte, musste bis zum Südbahnhof laufen. Die Brücken über den Main waren zerstört, die Nazis hatten sie in den allerletzten Kriegstagen ohne Rücksicht auf die Bevölkerung gesprengt. Sie durchquerte zu Fuß das in Trümmern liegende Frankfurt, ohne zu ahnen, dass sie hier ihr späteres Leben verbringen würde. Frankfurts Altstadt war dem Erdboden gleichgemacht, alle Gebäude zerstört, nichts schränkte den Blick in die Ferne ein. Eines der wenigen nicht zerstörten Gebäude war ein hölzerner Turm, der aus dem Wald oberhalb der Stadt ragte.

Als sie nach weiteren zwei Tagen in Pforzheim ankam, war Onkel Heinrich nicht zu Hause. Er war als Soldat in russische Gefangenschaft geraten.

Die Wohnung war überfüllt, die Adresse Seebugstrasse 17, Pforzheim, hatte nicht nur Familienmitglieder erreicht, sondern auch andere Schlesier und für sie gab es nun keinen Platz mehr. Sie wurde in der Gartenhütte hinter dem Haus untergebracht. Dort hatten Onkel Heinrich und seine Frau alle wertvollen Einrichtungsgegenstände gelagert, um sie vor den Bombenangriffen zu schützen. So schlief sie zwischen Vasen und Vitrinen und Geschirr. Pforzheim war genauso zerstört wie Frankfurt. Hier konnte sie auch nicht bleiben. Heinrichs Frau

Liesel stammte aus einem Dorf an der Tauber. Sie riet, dorthin zu gehen. Ihr Bruder und ihre Schwester hatten zusammen einen Bauernhof in Reicholzheim. Sie konnten jede Unterstützung gebrauchen. Liesel malte ihren Heimatort in den schönsten Farben aus: das liebliche Taubertal, die Weinberge und ringsum Wälder. Wenn Heinrich nicht hier in Pforzheim eine so gute Anstellung hätte, die ihm auch nach der Gefangenschaft sicher war, würde sie am liebsten nach Reicholzheim ziehen. Elisabeth musste einsehen, dass sie auch hier nicht bleiben konnte.

Am Morgen ihrer Abreise wurde der große Wohnzimmertisch aus der Gartenhütte in die Wohnung getragen. Es gab ein Abschiedsfrühstück mit den Essensresten der Flüchtlinge. Zum Schluss wurden schlesische Lieder gesungen, bei dem Riesengebirgslied konnte sie die Tränen nicht mehr zurückhalten.

Dann musste sich aufbrechen. Liesel gab ihr ein Fahrrad und eine Landkarte. Sie erklärte ihr den Weg und sie stieg auf das Rad und fuhr los.

Es war im Hochsommer 1945 und sengende Hitze. Tagelang fuhr sie über Landstraßen, vorbei an Militärposten, wo ihr amerikanische Soldaten „ Come for five minutes in the busches“ zuriefen. Sie schlief in Scheunen und zehrte von den Vorräten aus ihrem Rucksack. Am vorletzten Tag ihrer Reise musste sie das Fahrrad wegen eines platten Reifens schieben. Trotz ihrer Jugend hatte das tagelange Radfahren in der Hitze ihre Kräfte aufgebraucht. Den ganzen Tag schob sie schon ihr Rad über die Landstraße. Als es zu dämmern begann, war noch immer keine Ortschaft in Sicht. Um zehn Uhr war Sperrstunde. Wer sich danach noch auf der Straße befand, wurde bestraft. Sie hatte große Angst, nicht rechtzeitig eine Bleibe zu finden. Bei Einbruch der Dunkelheit erreichte sie endlich ein Dorf. Alle Bewohner waren in ihren Häusern. Sie setzte sich auf die Treppenstufen zum Eingang eines Hauses und begann zu weinen. Nach einer Weile kam eine Bäuerin aus dem Haus und fragte, was denn das junge Madle jetzt noch auf der Straße mache. Tränenüberströmt erzählte sie ihr, wohin sie wollte und dass sie nicht wisse, wo sie die Nacht verbringen solle. Die Bäuerin nahm sie mit in ihr Haus. Dort erzählte sie ihr, dass ihr Ziel Reicholzheim, schon der nächste Ort sei. Die Bäuerin war alleine, ihr Mann war noch nicht aus dem Krieg zurückgekehrt. Sie brauchte dringend Hilfe in der Landwirtschaft. Die junge Frau mit den roten Backen gefiel ihr, gerne hätte sie sie bei sich behalten.

Als sie am nächsten Tag in Reicholzheim ankam, war der Hof menschenleer. Die Bewohner waren auf dem Feld. Sie nutzte die Zeit und wusch ihr Kleid in einem Wassertrog. Als erste kam die junge Bäuerin Maria zurück. Sofort fiel ihr die Geschicklichkeit, mit der sie energisch die Wäsche wusch, auf. Sie sah, dass auf ihrem Hof eine fleißige, junge Frau angekommen war, die sehr nützlich sein würde und gut zu ihnen passte. Die beiden verstanden sich auf Anhieb und wurden Freundinnen fürs Leben.

Bald wurde sie zum festen Mitglied des Dorfes. Wochentags arbeitete sie auf den Feldern, sonntags ging sie in die Kirche. Nach der Kirche trafen sich die jungen Leute des Dorfes auf der hohen Leiter. Das war ein Aussichtspunkt oberhalb der Weinberge mit einem großen Wegkreuz aus rotem Sandstein. Sie sangen Heimatlieder und jemand spielte Gitarre. Aber sie fühlte sich noch immer als Außenseiterin. Wenn die jungen Burschen sie bedrängten, verabschiedete sich schnell mit der Ausrede, dass sie noch viel auf dem Hof zu tun hätte. Sich mit einem der

Burschen vom Dorf einzulassen, hätte bedeuten können für immer hier zu bleiben. Das hieße, ihre Heimat Schlesien aufzugeben.

An einem Sonntag kam der Bruder von Tante Liesel mit seinem Taxi aus Frankfurt zu Besuch. Liesel hatte ihrem Bruder von der fleißigen und liebenswürdigen Helferin aus Reicholzheim erzählt. Auch er konnte in seinem Haus eine anständige Hilfe gebrauchen und hoffte, sie mitnehmen zu können. Er fragte sie, ob sie denn nicht einmal in eine richtige Großstadt kommen wollte. Frankfurt sei bald wiederaufgebaut und würde sogar die Hauptstadt von Deutschland. Elisabeth willigte zögernd ein, aber nur für ein paar Wochen, mitzukommen.

Herr Amend besaß ein Mietshaus mit mehreren Wohnungen im Stadtteil Eckenheim, das damals mehr Dorf als Stadt war. Die Feldscheidenstraße, in der das Haus der Amends stand, war einer der ersten Straßen mit Gründerzeithäusern, im Ortskern waren noch die Jahrhunderte alten Bauernhäuser. Hinter dem Haus war ein kleiner Garten mit Hühner- und Hasenställen. Die grauen Häuserfassaden in der Feldscheidenstraße gefielen Elisabeth überhaupt nicht. Ihr fehlten die grünen Wiesen und Bäume ihrer Heimat. Am Ende der Feldscheidenstrasse begannen die Felder. Nach ihrer Arbeit spazierte sie zwischen den Feldern und träumte von Schlesien.

Herr Amends Frau Sofie war auch gelernte Hauswirtin. Ihr Mann kam aus Schorndorf in Schwaben. Sofie hatte dort die schwäbische Küche gelernt. So lernte sie nun schwäbische Gerichte kochen und nebenbei die sprichwörtliche schwäbische Sparsamkeit.

In der Nähe gab es eine Metzgerei, in der ein junger Metzgergeselle arbeitete. Dieser warf ihr versteckte Blicke zu. Anfangs war es ihr unangenehm und sie erwiderte seine Blicke nicht. Als sie ihn das erste Mal richtig ansah, bemerkte sie aber wie gut er aussah.

Ein Kaninchen sollte geschlachtet werden. Sofie und Elisabeth holten es aus seinem Verschlag, stopften es in einen Sack und Elisabeth musste es in die Metzgerei bringen. Es war in der Mittagszeit, die Straßen waren leer, der Laden war geschlossen. Elisabeth ging in den Hof und warte, dass sie jemand bemerkte. Da kam der junge Metzgergeselle und bat sie, den Sack mit dem Kaninchen ins Schlachthaus zu bringen. Verlegen stand sie mit dem Sack neben sich und wartete, dass der Metzger ihr das Kaninchen abnehmen würde. Er kam aus der Ecke des Raumes auf sie zu gelaufen und bevor sie ihm ausweichen konnte, nahm er sie in den Arm und küsste sie. Sie vergaß alles, Schlesien, ihre Geschwister, ihren Vater, alles verschwamm im Nebel. Sie war hier in der Metzgerei in Frankfurt und in den Armen eines Mannes.

Die beiden trafen sich immer wieder, was Sofie argwöhnisch beobachtete. Aber der Metzgergeselle gab nicht nach. Immer wieder stand er vor ihrem Haus und pfiff nach oben bis seine Freundin hinunterkam. Sie setzte sich auf die Stange seines Fahrrades und beiden fuhren davon. Er nahm sie mit zu seinen Freuden nach Sachsenhausen, sie gingen in eine Apfelweinwirtschaft oder ins Kino. Im Sommer badeten sie im Main. Sofie besänftigte er mit Wurst und Fleisch aus der Metzgerei, bald musste sie einsehen, dass Elisabeth einen anständigen Freund hatte, der gut für sie sorgen konnte.

2 Ein neues Leben ohne Vergangenheit

1950 heiraten der Metzger Hans Baum und die Haushälterin Elisabeth Freund. 1956 kam ihr Sohn Hans-Peter zur Welt, 1960 ihre Tochter Theresia.

Wenn Elisabeth nun Jahre später aus dem Küchenfenster der neunen Wohnung auf das nahegelegene Wäldchen blickte, gab sie sich für kurze Momente der Illusion hin, ihre verlorene Heimat wieder gefunden zu haben. Still beobachte H.-P. sie aus dem hinteren Teil der Küche und spürte bald, dass er nichts von dieser tiefen Sehnsucht und dem verborgenen Glück abbekommen würde. Ihr waren ihre Kindheit und Jugend genommen worden, Verwandte, Freunde, Natur, ihr Dialekt: Dinge, die sie als Mensch ausmachten. Wenn sie von ihrem Elternhaus erzählte, bekam ihr Gesicht ein kindlich glückliches Aussehen. Den Verlust ihrer Heimat konnten weder ihr Mann, noch die neue Wohnung, auch nicht ihre Kinder ersetzen. Er klaffte wie eine offene Wunde zwischen H.-P. und seiner Mutter.

Aber trotz des Verlustes der Heimat, hatte eine neue Zeit begonnen. Der Krieg und die anschließenden Jahre der Not und der Entbehrungen waren vorbei. H.-P. dachte, dass die Nachbarn sich so wie seine Mutter über den Luxus einer neuen Wohnung freuen würden. Aber sie waren missmutig und launisch. Viele waren auch Flüchtlinge, die der Krieg aus ihrer Heimat vertrieben hatte. Die neue Wohnung überdeckte das vergangene, tiefer liegende Unglück nur oberflächlich.

Der Vater war ein waschechter Frankfurter und hier nun fast ein Fremder in seiner eigenen Stadt.

Als seine Eltern das Angebot der Siedlungsgesellschaft „Neue Heimat Hessen“ bekamen, stand für ihn fest, dass er nicht an den „Arsch der Welt“ ziehen-, sondern am Main in Sachsenhausen bleiben würde. Dies war seine Heimat, dort war er aufgewachsen und dort lebte sein Bruder Peter.

Er wohnte mit seiner Frau in einer Mansardenwohnung. Wenn Hans-Peter und sein Vater ihn besuchten, klingelte der Vater nicht, sondern pfiff wie ein Vogel didio, didio, didio bis von weit oben dreimal der gleiche Pfiff erklang. Dann gingen sie nach oben. Zur Begrüßung warf er Peter Hans-Peter in Luft und fing ihn wieder auf. Die Brüder verstanden sich ohne großes Reden, ein Wort und ein Blinzeln genügte und beiden wusste, was gemeint war. Manchmal unterhielten sie sich in ihrer eigenen (Räuber)-Sprache und niemand verstand ein Wort.

Die beiden waren mit drei weiteren Geschwistern in Sachsenhausen aufgewachsen. Der Vater hieß Sebastian und kam aus Dörlesberg, Kreis Wertheim. Zur Überraschung der Eltern, stellte sich heraus, dass Dörlesberg nur sechs Kilometer von Reicholzheim entfernt war.

Mehr als dass Sebastian von dort stammte, hatte Hans als Kind nicht erfahren. Wenn die Sprache auf seine Kindheit kam, schwieg Sebastian. Seine Kinder spürten schnell, dass sie ihrem Vater mit den Fragen nach seiner Kindheit weh taten und hörten auf zu fragen. Hans wusste, dass in Dörlesberg etwas Verborgenes lag. Seinem Vater musste dort etwas so Schlimmes widerfahren sein, dass er nicht einmal mehr darüber reden konnte.

Erst kurz bevor H.-P.s Vater starb, erzählte er ihm von einem Besuch in Dörlesberg. Die Geschichte lag über fünfzig Jahre zurück. Aber sein Vater erzählte sie so, als ob sie erst vor Kurzem passiert wäre.

Er hatte damals schon einen Führerschein und arbeitete in einer Metzgerei, die ein dreirädriges Auto hatten. Er schlug seinem Vater vor, das Auto auszuleihen und damit nach Dörlesberg zu fahren. Sein Vater reagierte abweisend. Als er mit 18 Jahren Dörlesberg verließ, hatte er sich geschworen, nie mehr dorthin zurückzukehren. Diese Entscheidung galt noch heute. Aber Sebastian sah, wie viel seinem Sohn an der Reise lag und wie groß seine Enttäuschung über eine Absage wäre. Er wollte ihm einfach nicht wehtun. Schweren Herzens willigte er ein. Hans war glücklich. Noch einmal im Leben würde sein Vater seinen Heimatort besuchten. Danach würde er gelöst zurückkommen und in Frieden seine verbleibenden Jahre in Frankfurt verbringen. Voller Freude lieh er sich das dreirädrige Gefährt der Metzgerei aus, lud seinen Vater ein und sie fuhren Richtung Dörlesberg.

Am Nachmittag kamen sie nach Reicholzheim. Nach einem kurzen Besuch bei Maria fuhren sie weiter in das 10 Kilometer entfernte Dörlesberg. Auf der Landstraße wurde Sebastian unruhig. Plötzlich befahl er: Anhalten, umdrehen! Hans fiel aus allen Wolken. Er wollte unbedingt weiterfahren. Er redete mit aller Überzeugungskraft auf seinen Vater ein, aber Sebastian blieb dabei, er wolle nie mehr zurück in seinen Heimatort.

Hans hatte so sehr gehofft, seine Großmutter dort vorzufinden. Er hatte sich vorgestellt, wie sein Vater noch einmal in den Armen seiner greisen Mutter liegen würde. Aber um nichts in der Welt ließ sich Sebastian dazu bringen, weiter zu fahren. Verzweifelt und enttäuscht musste er umdrehen den weiten Weg zurück nach Frankfurt fahren.

H.-P.s Großvater starb fünf Monate nach H.-P. Geburt. Lange hatte er nach Puzzlestücken aus seinem Leben gesucht und sie zusammengesetzt: Großvater war als uneheliches Kind in Dörlesberg zur Welt gekommen und dazu noch als der Sohn eines Küsters. Seine Mutter hatte „Schande" in das Dorf gebracht, sie hatte den „Bastard" geboren und das ließen sie alle Dorfbewohner spüren. Schlimm war es für Sebastian in der Schule, er wurde gehänselt und geschlagen. Besonders vom Küster, der die Ähnlichkeit zu ihm aus dem Leib prügeln wollte.

Sebastians Mutter hielt ihren Sohn so oft wie möglich verborgen im Haus. Die meiste Zeit verbrachte Sebastian alleine in einem Schuppen. Dort war er geschützt vor den bissigen Blicken, dem gehässigen Rufen und dem Prügeln der großen Dorfjungen. Er hatte seine Kindheit praktisch im Schuppen verbracht. Dort wartete er auf den Tag, an dem er Dörlesberg verlassen würde. In seinem Versteck träumte er von einer großen Stadt mit rauchenden, hohen Schornsteinen. Er malte sich die Stadt aus, in der Autos und Straßenbahnen fuhren. Dort war es sauber und geordnet, dort würde er arbeiten, dort würde man ihn achten und in Ruhe lassen. Nach der Arbeit würde er mit seinem Lohn in eine Gaststätte gehen und so viel essen und trinken wie er wollte. Zwar erzählten die Leute, dass in der Stadt solch ein Lärm sei, dass man unweigerlich verrückt würde. Auch wurde erzählt, dass die Luft von den Maschinen und Schornsteinen so verdreckt sei, dass man in kurzer Zeit daran ersticken würde. Sebastian überhörte diese Geschichten, ihm würde der Lärm nichts ausmachen. Für ihn wäre es der Klang von Freiheit, und schlechter als hier im Schuppen würde die Luft auch nicht sein. Er ließ sich sein Bild der Stadt nicht zerstören, er verteidigte es über all die Jahre gegen das Gerede im Dorf. Eines stand für

Sebastian fest: Wenn er aus Dörlesberg wegging, würde er nie mehr zurückkehren!

Im Alter von 17 Jahren verließ Sebastian seinen Heimatort. Am Morgen seiner Abreise weinte seine Mutter und wollte ihn nicht aus dem Haus gehen lassen. Sie klammerte sich an ihm fest, aber Sebastian riss sich mit einem Ruck los und ging ohne einen weiteren Abschied aus dem Haus. Er wanderte tagelang über Felder und durchquerte Wälder bis er zum Main gelangte. Von dort aus ging er weitere zwei Tage flussabwärts bis nach Frankfurt am Main. Über die Felder von Fechenheim hinweg sah er die hohen Schornsteine des Frankfurter Osthafens. Er hielt auf sie zu, über dem Eingangstor einer Fabrik hing ein Schild: „Arbeiter gesucht". Er meldete sich beim Pförtner und bekam sofort eine Anstellung in der Frankfurter Main-Gasanstalt als Kohlenschaufler.

Für die Arbeiter des Werks gab es in der Umgebung einfache Unterkünfte. Am Abend legte er sich mit rußschwarzem Gesicht auf seine Pritsche und genoss das Gefühl der vom Schaufeln schmerzenden Arme. Ohne Essen und ungewaschen schlief er ein und erwachte erst wieder als es hell war. Er war voller Vorfreude auf seinen ersten Tag in seinem neuen Leben. Noch hatte er nichts von Frankfurt gesehen und es gab so viel, was er entdecken wollte. Die anderen Arbeiter begrüßten den Neuankömmling vom Dorf und zeigten ihm, wo er sich waschen konnte und etwas zu essen bekam.

Fünf Jahre später lernte er Emma in einer Apfelweinwirtschaft kennen. Ihr Frankfurter Dialekt hatte einen bayerischen Akzent, sie war demnach auch nicht in Frankfurt geboren. Sebastian erfuhr von ihr, dass sie aus Hilpoltstein stammte. Sie hatte ihren

Heimatort verlassen und wollte nie wieder dorthin zurück. Das nächste Mal begegnete er ihr mit einem Kind auf dem Arm. Er erfuhr, dass sie keine Eltern hatte und in einem Heim aufgewachsen war. Dort hatte sie ihr erstes Kind bekommen. Über den Vater des Kindes ist wenig bekannt, er soll ein schlimmer Mensch gewesen sein, vor dem Emma fliehen musste. Mit 18 Jahre konnte sie das Heim verlassen und ging mit ihrer Tochter Anni nach Frankfurt. Sebastian verliebte sich in Emma, sie war die Frau seines Lebens. Sie würde verstehen, was es bedeutete, ein uneheliches Kind zu sein, dieses Wissen würde sie für immer verbinden. In Dörlesberg hatte er eine Mauer um seine Seele gebaut. Alles, was ihn an seine Mutter erinnerte, hatte er nach außen verbannt. Emma war der erste Mensch nach seiner Mutter, zu der er eine Nähe zuließ. Sie war die Frau, die er über seine unsichtbare Mauer steigen ließ. Dass sie schon ein Kind hatte, störte ihn nicht. Er würde für Emma und das Kind sorgen, hart arbeiten und alles für sie tun. Emma interessierte sich nicht für Sebastians Inneres. Er war ein stattlicher Mann und er hatte Geld.

Am 23. Dezember 1911 heiratete er Emma Erminger. Sie bekamen vier Kinder. H.-P.s Vater kam als vorletztes Kind 1926 zur Welt.

Obwohl sein Großvater am Ende des Monats Emma reichlich Haushaltsgeld überließ, ging es den Kindern schlecht. Sie bekamen zu wenig zu essen, ihre Kleidung wurde nicht gewaschen und geflickt. Sie wuschen sich selbst selten. Ihre Wohnung wurde nicht geputzt, alles war ärmlich und verdreckt. Emma kaufte nur das Allernotwendigste. Den Rest des Geldes steckte sie in einen Strumpf, den sie in ihrem Bett versteckte.

Sebastian hatte oft Nachtdienst. Emma nutzte die Gelegenheit um in die Frankfurter Apfelweinwirtschaften zugehen. Sie war Stammkundin im „Frohmüller“ in der Fahrgasse oder im „Tannenbaum“ in der Sachsenhäuser Brückenstraße. Wenn die Kinder abends vom Spielen auf der Straße nach Hause wollten, war die Tür verschlossen. Hans „organisierte“ dann hin und wieder was zu Essen. Er war auch schon erwischt worden, aber außer, dass man ihn, das Ohr umdrehend, zurück in den Laden zog und er das Diebesgut wieder zurücklegen musste, war ihm nichts weiter passiert. War es aber dunkel, die Läden geschlossen und der Hunger nicht mehr auszuhalten, suchten sie die Wirtschaften nach ihrer Mutter ab. Übermüdet, hungrig und verdreckt kamen sie am nächsten Tag in die Schule. Der Lehrer schimpfte mit ihnen, er schlug sie, aber davon wurden sie nicht satt und sauber. Die Brüder waren schlagfertig, aber nicht frech oder aufsässig. Sie lernten so gut sie konnten und meldeten sich im Unterricht, auch wenn über manche ihrer naiven Antworten laut gelacht wurde. Der Lehrer mochte sie im Grunde.

Beide waren typische Frankfurter Buben und hatten Humor. Aber sie kamen ständig zu spät, meist ohne die Hausaufgaben gemacht zu haben und vor allen Dingen starrten sie vor Dreck. Für den Lehrer war es schlimm mitanzusehen, wie zwei ganz normale Jungen einzig und alleine durch ihr Elternhaus verwahrlosten.

Er bestellte den Vater ein. Vor ihm tauchte ein ordentlich gekleideter und freundlicher Mann auf. Er hatte eine Gutmütigkeit, die seinen Zorn über die Verwahrlosung der Kinder besänftigte. Auf Fragen nach seiner Person, berichtete Sebastian stolz von seiner Arbeit im städtischen Gaswerk. Verblüfft hörte er

Sebastian zu und konnte sich nicht erklären, warum die Kinder dieses offensichtlich anständigen Mannes so verwahrlost zur Schule kamen. Als städtischer Arbeiter stand er besser als mach anderer Vater da. Vor ihm saß ein Mann, der durchaus in der Lage war, für seine Familie zu sorgen. Dem Lehrer fiel nicht mehr ein, als ihn eindringlich zu ermahnen, dass Hans und Peter ab morgen in sauberer Kleidung und mit einem Schulbrot pünktlich zu erscheinen hätten.

Aber in den kommenden Tagen änderte sich kaum etwas an dem Zustand der beiden. Bis auf die Tatsache, dass in den ersten Tagen ihre Hände und Gesichter ein weniger sauberer als üblich waren, blieb alles beim Alten. Der Lehrer sprach beim Rektor vor und der informierte das Fürsorgeamt. Deren Mitarbeiter besuchten daraufhin die Wohnung der Eltern. Zwei Zimmer: Ein Wohnraum, in dem gekocht und gegessen wurde und ein Schlafzimmer für die Eltern. Die Kinder schliefen auf dem Dachboden auf einfachen Holzpritschen unter einer grauen, schmutzigen Filzdecke. Alles war dreckig, der Tisch klebrig verschmiert. In der einzigen, winzigen Spüle stapelte sich das schmutzige Geschirr. Emma selbst starrte vor Dreck. Sie hatte klebrige Hände und Haare, ihr langes speckiges Kleid hatte Löcher und von ihr ging ein strenger Geruch aus.

Zuerst nahmen sie Emma zu einer amtsärztlichen Untersuchung mit, dann wurde sie zwangsgereinigt. Danach drohten sie ihr mit einer Einweisung in eine Nervenheilanstalt, wenn sie sich und ihre Kleider in Zukunft nicht waschen würde. Emma sagte immer wieder ja, ja, und hoffte auf das baldige Ende der Prozedur. Schon auf der Straße vergaß sie alle Ermahnungen. Dann ging sie in eine Metzgerei und kaufte sich ein großes Paket Wurst. An der nächsten Ecke öffnete sie das Paket und biss in die Fleischwurst, vor Gier lief ihr der Speichel aus dem Mund.

Bis sie ihre Wohnung erreichte, hatte Emma fast das ganze Paket verdrückt und für die Kinder blieb wieder nur ein kläglicher Rest.

Beim nächsten Amtsbesuch ermahnte die Fürsorgerin den Familienvater, endlich durchzugreifen und dafür zu sorgen, dass seine Frau den Haushalt in Ordnung bringen würde. Er wusste, dass die Fürsorgerin Recht hatte. Wenn der Dreck in der Wohnung überhandnahm, schrie er wild und schmiss auch mal einen Teller kaputt. Aber dann blieb doch wieder alles wie immer. Er konnte sich gegenüber Emma einfach nicht durchsetzen. Eine tiefe innere Angst verhinderte, Emma hart anzupacken. Ihr Vorwürfe zu machen, könnte dazu führen, dass sie sich von ihm abwandte. Das würde sein Leben in der neu gewonnenen Freiheit gefährden. Das würde seine innere Schutzmauer durchbrechen und den Kindheitsängsten Einlass gewähren. Dann spürte er wieder die erdrückende Enge und Dunkelheit des Schuppens.

Die Fürsorgerin, das war die wahre Gefahr für ihn und seine Familie. Er beschimpfte sie unflätig und warf sie aus sie aus dem Haus.

Nur der der älteste Sohn Fritz konnte seine Mutter dazu bewegen, ab und an sauber zu machen und ein Essen zu kochen. 1940 wurde Fritz in den Krieg einberufen. Von nun an gab es niemanden mehr, der in der Familie für ein Minimum an Ordnung sorgte.

Am 07. Januar 1941 wurden Hans und sein Bruder Peter von Mitarbeitern des Fürsorgeamtes von der Schule abgeholt. Sie durften nicht mehr nach Hause und sich nicht von ihren Eltern und Freunden verabschieden, sondern mussten unverzüglich in das Auto der Beamten steigen. Man brachte sie nach Idstein in die Heil- und Erziehungsanstalt Kalmenhof.

Nach der Ankunft wurden die Brüder getrennt und bekamen mit dem Stock eine Tracht Prügel. Hans war fünfzehn Jahre alt und wurde nach ein paar Wochen in ein Dorf im Westerwald in eine Metzgerei gebracht. Dort begann er eine Lehre als Metzger. Später erzählte er seinen Kindern, dass er niemals hätte Metzer werden wollen. Eigentlich konnte er auch kein Blut sehen. Aber er konnte sich seinen Beruf nicht aussuchten und er hatte einen großen Vorteil: Er musste nicht mehr hungern! Bis auf wenige Episoden hat er so gut wie nichts von seiner Lehre erzählt. Das einzige, von dem er berichtete war, wie er vom Lehrmeister eine berechtigte Ohrfeige bekommen hatte. Er hatte ihm ein Messer am Griff haltend überreicht.

Was es jedoch für ihn bedeute hatte, mit 15 Jahren aus Frankfurt weggebracht zu werden und wie es ihm dort wirklich ergangen ist, hat er für immer verschwiegen.

Viel schlimmer ist es Peter ergangen, der erst elf Jahre alt war. Er lebte von 1941 bis 1945 im Kalmenhof.

Besuche mussten beantragt werden. Aber alle wurden aus fadenscheinigen Gründen abgelehnt. Trotzdem bekam Peter regelmäßig Besuch von seinem Bruder Fritz, der sich dem Besuchsverbot einfach widersetzte. Er kam in Wehrmachtsuniform mit über der Schulter hängendem Gewehr. Beim ersten Besuch stellte sich der Pförtner ihm in den Weg. Fritz schob ihn zurück in seine Pförtnerloge und packte ihm am Hals. Die Worte und der Gesichtsausdruck von Fritz waren unmissverständlich: Würde er sich ihm jeweils wieder in den Weg stellen, so würde er es lange bereuen, sagte Fritz und das reichte. Bei späteren Besuchen war der Pförtner zufällig nicht am Tor.

Ähnlich verschaffte er sich Zugang zum Haus und wartete dann betont geduldig im Warteraum bis man ihm seinen Bruder brachte. Fritz machte Witze und gab Peter von seinem Armeeproviant zu essen. Bei einem Besuch rutschte Peter auf seinem Stuhl unruhig hin und her. Fritz fragte: „Ei was hat dann des Kallsche?“ Peter antwortete: „Die hamme so der Arsch verhachen, dass ich nämmer sitze kann“. Fritz schoss das Blut in den Kopf und er stürmte nach draußen. Er schnappte sich den erst besten Pfleger. Er packte ihn am Hals und drückte ihn gegen die Wand. Als die Luft für den Wärter knapp wurde, sagte er: „Wenn ihr meinen Bruder je wieder etwas antut, dann komme ich vorbei und dann lasse ich nicht mehr los. Danach lockerte er die Hand und der Pfleger ging nach Luft schnappend in die Knie. Danach ging Fritz zurück in den Besucherraum, scherzte noch ein wenig mit Peter. Zum Abschied nahm er seinen Bruder in die Arme und drückte ihn fest an sich.

Im August 1943 kam Fritz das letzte Mal zu Besuch. 1941 hatte er „spezielle Aufgaben“ in Norwegen bekommen. Dort hatte er eine junge Norwegerin kennengelernt und sie wurde schwanger. Dieser angenehme, aber gefährliche Dienst endete im Juni 1943 und er wurde an die Ostfront nach Russland abkommandiert.

Vorher bekam er Heimaturlaub. In Uniform besuchte er sein Elternhaus und aß mit der Familie zu Mittag. Dann verabschiedete er sich von seinen Eltern und seinen Geschwistern, er verließ die Stube und ging mit laut polternden Stiefeln die hölzerne Treppe hinunter. Vor der Eingangstür blieb er stehen, drehte wieder um und ging noch einmal nach oben, riss die Tür auf, blickte jedem einzeln ins Gesicht und ging ohne einen weiteren Gruß aus dem Haus.

In der letzten Augustwoche 1943 bekamen die Eltern einen Brief der Wehrmacht. Er enthielt den einen Wehrpass und ein Anschreiben. Der Absender des Briefes war der Vorgesetzte von Fritz. In einem Brief teilte er in Schönschrift den Eltern mit, dass ihr Sohn, der Obergefreite Friedrich Baum, an der Ostfront bei Karbussel am 19. August 1943 gefallen war. Er versicherte den Eltern, dass er ohne Leiden zu müssen gestorben sei und bekundete sein Beileid. Später bekamen die Eltern ein gerahmtes Portraitbild von Fritz in Wehrmachtsuniform geschickt.

Die Familie hatte ihr stärkstes Mitglied verloren. Ohne Fritz fühlten sie sich dem Schicksal schutzlos ausgeliefert.

Die Eltern wurden fünf Mal ausgebombt. Jedes Mal kamen sie, teils in Schlafanzügen auf der Straße stehend, nur mit dem nackten Leben davon. Der Gedanke an Fritz und seine Stärke, hatte sie immer wieder aufrecht gehalten.

H.-P.s Vater war noch in der Lehre, aber seine Einberufung stand kurz bevor. Besonders schlimm war der Tod von Fritz für Peter. Er verheimlichte seinen Tod, solange es ging. Als aber das Heim davon erfuhr, wusste Peter, dass dies lebensgefährlich war. Die Kinder wussten sehr wohl, was sich in der neu errichteten ‚Krankenstation' abspielte. Sie wussten auch, dass die Totengräber nicht schnell genug Särge herstellen konnten und sogenannte ‚Klappsärge' erfanden. Der Boden dieser Särge hatte ein Scharnier, welches über dem offenen Grab aufgeklappt und die Leiche in das Grab fiel. So war der Sarg wiederverwendbar. Die Kinder spielten ‚Klappsarg': Einer legte sich auf zwei Stühle und die anderen zogen sie auseinander.

Aber Peter wollte nicht sterben und es auch nicht spielen. Er überlebte zwei weitere Jahre den Kalmenhof. Zu Kriegsende floh er und ging zurück zu seinen Eltern.

Sein Bruder Hans bekam mit 16 Jahren seinen Einberufungsbefehl. Ob er die Lehre beenden durfte, blieb offen. Er bezeichnete sich jedenfalls nach dem Krieg als Metzger und wenn ein Arbeitgeber seinen Gesellenbrief sehen wollte, gab er an, dass dieser im Krieg verloren gegangen sei.

Er hatte Glück und kam an die Ostsee, wo nicht gekämpft wurde. Von dort gab es Fotos und Karten, die später in einer Blechdose im Spiegelschrank im Schlafzimmer der Eltern aufbewahrt wurden. Heimlich holten H.-P. und seine Schwester die Dose heraus und schauten die Fotos an. Auf einem Gruppenfoto war ihr Vater zu sehen, er stand zwischen zwei Kameraden, deren Arme eng verschlungen waren. Eine der Postkarten enthielt Grüße von einem der Kameraden. Er beschwor die gute Zeit, als die Beste seines Lebens und verabschiedete sich mit den Worten: „In ewiger Liebe. Dein Kamerad Teo“.

Über sich selbst wundernd, erzählte er, dass es ihm an der Ostsee zu langweilig gewesen wäre und er deshalb um eine Versetzung gebeten hätte. Daraufhin wurde er nach Frankreich zum Kampf gegen Partisanen versetzt. Der Versetzung wurde stattgegeben und er kam in das Baskenland, nahe der Grenze zu Spanien. Zwischen Dax und Bayonne wurden sie auf einem LKW stehend angegriffen. Hans wurde am Oberschenkel getroffen. Er sei vom LKW in ein Brennnesselfeld gefallen, aber von den Brennnesseln hätte er nichts gespürt. Er kam in ein Lazarett und das Bein heilte wieder. Zurück blieb eine runde Vertiefung in seinem Oberschenkel.

Dann kam er in Kriegsgefangenschaft. Zuerst nach Schottland, wo sie von Soldaten in Röcken empfangen wurden. Die jungen Deutschen hatten noch nie Männer in Röcken gesehen und lachten als sie vom Schiff die Reling hinabstiegen. Daraufhin pflanzten die Soldaten ihre Bajonette auf und das Lachen verstummte augenblicklich.

Die Schotten behandelten ihre Gefangenen sehr gut. Hans sagte, sie waren *korrekt*. Sie bekamen gut zu essen und hatten am Wochenende Ausgang. Man gab ihnen sogar ein Pfund, um sich im Pub ein Bier kaufen zu können.

Aber Schottland war nur ein Durchgangslager und sie wurden nach Iowa in Amerika zum Baumwolle pflücken gebracht. Alles, was er von der Überfahrt erzählte war: „Wasser, tagelang nur Wasser". Die Gefangenen kamen in eigens für sie hergerichtete Baracken, die sie selbst verwalteten. Auch hier wurden sie gut behandelt. Obwohl sie Kriegsgefangene waren, standen sie noch über den schwarzen Baumwollpflückern. Hans kam nicht immer mit der Hierarchie unter den Gefangenen zurecht. Enttäuscht, wütend und verletzt erzählte er, dass er zusammengeschlagen wurde und ihm kein Deutscher beigestanden habe. Von Iowa aus kam er nach Texas, auch zum Baumwolle pflücken. Seine Gefangenschaft dauerte zwei Jahre, 1947 wurde er entlassen und fuhr mit dem Schiff nach Hamburg und von dort aus zurück nach Frankfurt. Wenn er von den Kriegsjahren berichtete, stellte er sie in seinen Schilderungen immer als unendlich lange her und eigentlich als nicht erwähnenswert dar. Für H.-P. waren sie eher eine Fiktion, eine Art Märchen, das sein Vater selbst nicht richtig kannte und deshalb nur Bruchstücke daraus erwähnte. Sein Loch im Bein, was er stets zu verbergen versuchte, war jedoch real.

3 Sachsenhausen

Onkel Peter kam jeden Tag auf dem Weg zur Arbeit mit dem Rad vorbei. Dann pfiff er laut, ohne anzuhalten. Sobald H.-P. den Pfiff hörte, stürmte er zum Fenster und seine Mutter musste ihn schnell hochheben, dass er Onkel Peter noch zuwinken konnte. Nach der Arbeit machte er oft halt und kam hoch in die Wohnung. Wenn die Mutter, mit dem Rücken zur Wand stehend, das Abendbrot zubereitete, stellte er sich unbeobachtet rechts hinter sie und tippte ihr auf die linke Schulter und freute sich, sie ausgetrickst zu haben. Beim Essen lächelte er H.-P. zu und zwinkerte mit den Augen, dabei zog er die Schultern, unkontrolliert zuckend, nach oben. Wenn er von seiner Frau Marianne erzählte, zuckte sein ganzer Körper und manche Wörter brachte er leicht stotternd hervor.

Er liebte Marianne. Seiner Mutter hatte er gesagt, dass eine Frau so schlank sein müsse, dass er ihr seinen Arm um die Taille legen könne. Marianne war schlank und trug bunt gepunktete Petticoat Kleider, sie war seine Traumfrau. Aber sie lachte nicht über seine trockenen, witzigen Bemerkungen, während andere losprusteten.

Eines Tages kamen H.-P. und sein Vater in Peters Wohnung und er saß in Unterwäsche auf seinem dunklen Biedermeier Ehebett. Er hatte zerzauste Haare und verquollene Augen. Die zweite Hälfte des Ehebettes fehlte. Hans und er unterhielten sich so leise, dass H.-P. nichts von dem Gespräch zu hören bekam. Dann begann Peter leise zu weinen. H.-P. hatte noch nie einen erwachsenen Mann so weinen gesehen. Es war also etwas Schlimmes passiert, dass ein Erwachsener wieder hilflos wie ein Kind war. Marianne war ausgezogen.

Erst als Erwachsener hatte er den Grund für die Trennung erfahren. Peter und Hans hatten noch zwei Schwestern, Anni, die uneheliche Tochter aus Hilpoltstein und eine leibliche Schwester, Frieda. Frieda hatte sich einen eigenen Weg durch den Schmutz und die Verwahrlosung des Elternhauses gebahnt. Sie ließ den Dreck in der Wohnung außer Acht und sorgte für ihre eigene Schönheit. Bevor sie abends ausging, machte sie sich ihre Frisur zurecht. Wenn sie dann ihre Lockenwickler über der Flamme des Gasherdes heiß machte, regte sich Großmutter über den Gasverbrauch auf und sie zeterte: „Her uff, du verbrauchst mei gut Gas". Frieda war das egal, denn sie verfolgte energisch ein Ziel: Sie suchte einen Mann, einen aus anständigen Verhältnissen, der ihr etwas zu bieten hatte. Dabei stieß sie auf Willi. Willi war einen Kopf kleiner als Frieda, untersetzt und hatte eine Halbglatze. Er redete überlegt und konnte gut argumentieren. Frieda war groß, hatte ein forsches Auftreten, ihr vorlautes Mundwerk ersetzte gute Argumente. Es war ein ungleiches Paar, aber Frieda hatte ihr Ziel erreicht. Willi war Gründer und Besitzer der Firma Kälte Reis in Frankfurt und er war wohlhabend. Er hatte Angestellte und fuhr einen Opel Admiral. In seiner Firma war er der Chef. Aber zuhause hatte Frieda die Oberhand. Willis Argumenten entgegnete sie: „Alles Papperlapap" und machte so weiter, wie sie es für richtig hielt.

Willi bot Peter eine Arbeit als Fahrer in seiner Firma an und Peter nahm an. Nachdem Peter anfänglich in Frankfurt und Umgebung Aufträge bekam, schickte ihn Willi immer öfter zu weit entfernten Kunden, wo Peter auch übernachten musste.

Eines Tages erhielt Frieda einen verdeckten Anruf aus der Firma ihres Mannes. Die Anruferin wollte ihren Namen nicht nennen, was an der Brisanz der Nachricht lag. Herr Reis sei mit der Frau Marianne nach Baden-Baden gefahren und habe sich dort im besten Hotel am Platz eingemietet.

Wutschnaubend marschierte Frieda in die Firma und erzählte Peter, was sie erfahren hatte. Sie beschlossen, noch heute mit Peters Lieferwagen nach Baden-Baden zu fahren. Dort parkten sie vor dem Hotel und lauerten dem Paar im Auto auf. Dann trat Willi Reis aus der Tür des Hotels, neben ihm mit untergehaktem Arm, Marianne.

Wie eine Furie stürmte Frieda aus dem Lieferwagen und stampfte die Stufen der breiten Steintreppe zum Eingang hinauf. Mit Fäusten und ihrer Handtasche hieb sie auf Willi ein, der seine Hände schützend über den Kopf hielt. Peter stürmte hinterher und zog Marianne so sehr an den Haaren, dass sie zu Boden stürzte und Peter ihr einen Büschel Haare ausriss.

Der Schaden zwischen den Paaren war irreparabel. Frieda und Peter reichten die Scheidung ein und lebten seitdem getrennt. Beide sahen ihre Ehepartner nie mehr wieder.

4 *Gas*

H.-P. und seine Eltern wohnten in der Sachsenhäuser Gartenstraße. Ihre Wohnung befand sich unter dem Dach eines wieder aufgebauten Hauses. Das Dach war nicht isoliert, vom Himmel trennte die Familie nur die Dachziegel. Im Sommer war es heiß und im Winter eisig kalt. Das Klo war außerhalb der Wohnung auf dem Gang teilten sie sich mit dem Ehepaar Beck.

Beide waren kinderlieb und freuten sich sehr, wenn H.-P. in ihre Stube kam. Ihm blieb bis ins Erwachsenenalter in Erinnerung, wie er anfänglich durch ihre große, unverschlossene Tür in ihre Wohnung rannte. Später stand er verlegen im dunklen Flur – und wusste nicht, ob er willkommen war oder nicht.

Herr Beck war ein ruhiger, alter Mann, der auf H.-P. einen sehr zufriedenen Eindruck machte. Von seinen Worten ist ihm ein breites, Frankfurter „schee“ in Erinnerung geblieben. Er erinnerte sich, wie er seine Bauwerke aus Bauklötzchen bestaunte. Ihn erfreute besonders, wenn durch eines der mit Pergamentpapier bespannten Fenstersteine ein Sonnenstrahl fiel. Dann saß er in seinem Ohrensessel und sagte einfach nur „Schee“. Mit nur einem Wort drückte all seine Zufriedenheit und Freude aus.

Das größte Möbelstück war der Ohrensessel, in dem er saß, während Frau Beck in der gegenüber liegenden Ecke am Waschbecken stand. Frau Beck verrichtete ihre Hausarbeit lustlos und mechanisch. Ihr seltenes Lächeln war stets kurz und wirkte nie fröhlich. War die Hausarbeit getan, wirkte sie fast enttäuscht und blickte den Jungen resigniert an. Zwar spürte er, dass sie sich an der Oberfläche über seinen Besuch freute, aber hinter ihren Augen saß ein unsichtbarer, dumpfer Schmerz.

Im ersten Stock wohnte die alleinstehende Vermieterin Frau Härtel. Wenn H.-P. mit seiner Mutter die Treppe rauf kam, ging oft ihre Tür auf und sie begrüßte die beiden im Morgenmantel, mit einer brennenden Zigarette in der Hand. H.-P. mochte den scharfen Qualm ihrer Zigarette nicht und zog am Arm der Mutter, um weiter zu gehen. Wenn sie nicht im Treppenhaus war, war sie des Öfteren in der kleinen Weinstube im Erdgeschoß.

Frau Härtel hatte auch einen Sohn. Er war nur vier Tage älter als H.-P. und wurde im gleichen Krankenhaus geboren. Er hieß Volkmar, aber alle nannten ihn Bumbel.

Hinter dem Haus gab es einen kleinen Hof, in den H.-P.s Mutter ihn hin und wieder zum Spielen brachte. Es gab dort keine Spielgeräte und auch keine anderen Kinder. Er verkroch sich dann unter dem niedrigen Balkon der Weinstube oder er lief einfach nur umher. Der Hof war nicht gepflastert und im Sand lagen die Haufen des Schäferhundes der Vermieterin, der frei im Hof umherlief. Frau Härtel betonte immer wieder, dass Hasso absolut friedlich sei und niemandem etwas tun würde. Das traf auch zu, bis H.-P. ihn beim Fressen am Schwanz zog. Es ärgerte ihn, dass er ihn nicht beachtete. Um die Belästigung abzustellen, unterbrach er kurz das Fressen, fuhr herum und biss ihm in die Stirn, die sich in Höhe seiner Schnauze befand. Er verstand die darauffolgende Aufregung nicht. Das Tier hatte naturgemäß reagiert und ihn so sanft wie möglich zurückgewiesen. Eines Nachts wurde er aus seinem Gitterbett gerissen. Sein Vater rannte mit ihm auf dem Arm im Schlafanzug ins Freie. Im dunklen Treppenhaus standen Feuerwehrleute, die alle Bewohner des Hauses nach draußen drängten und ständig riefen: „Kein Licht anmachen!“. Frau Härtel war nicht zu Hause. Bumbels Bett stand in der Küche, er hatte wohl nicht schlafen können. Durch die Gitterstäbe greifend konnte er die schwarzen Hähne des Gasherdes erreichen. Die damaligen Herde hatten keine Sicherheitsventile, welche das Gas automatisch abstellten, wenn keine Flamme brannte. So ist das Gas in die Wohnung geströmt und Bumbel erstickt. Hasso und Frau Hertels Katze haben überlebt, am Boden war noch genug Luft zum Atmen.

5 Neue Heimat

1960 ist es H.-P.s Mutter dann doch gelungen, ihren Mann zum Umzug in die Neubauwohnung am Stadtrand zu bewegen. Zum Trost ging er sonntags mit seinem Bruder Peter und alten Freunden zum Frühschoppen nach Sachsenhausen, wohin er H.-P. ab und an mitnahm. Er ging gerne mit, die Männer in ihren Sonntagskleidern waren entspannt und freuten sich, wenn sein Vater ihn mitbrachte. Er wurde auf einen der hohen Barhocker an der Theke gehoben und bekam einen Apfelsaft zu trinken. Zum Mittagessen waren sie wieder zu Hause, und dann hielt der Vater laut schnarchend einen Mittagsschlaf. Danach war er wieder fit für die kommende Woche.

Seine Mutter freute sich noch lange Zeit über die neue Wohnung. Endlich große Fenster und der schöne Blick auf das unbebaute Land. Auf der anderen Seite der Straße war eine große Wiese, die an einer Gärtnerei endete, ihr schloss sich jenseits der Bahnlinie ein kleines Wäldchen an. Links und rechts der Häuserblocks waren unbebaute Grundstücke und verlassene Kleingärten. Ein richtiger Abenteuerspielplatz. Dort gab es gelb-schwarze Salamander, Eidechsen und Blindschleichen. Den Sommer verbrachten die Kinder im Freien und kamen eigentlich nur zum Essen und Schlafen nach Hause.

Diese Reste von Natur halfen seiner Mutter, ihren Schmerz über die verlorene Heimat zu verdrängen. Eine tiefe innere Sehnsucht nach der eigenen, unbeschwerten Kindheit. Ein Traum, der nie mehr in Erfüllung gehen konnte, denn Schlesien lag hinter dem Eisernen Vorhang, der auf unabsehbare Zeit verschlossen war. H.-P. stellte sich Schlesien als ein Paradies mit blühenden Wiesen, weiten Feldern und naturbelassenen Wäldern vor. Er entwickelte eine Sehnsucht nach diesem schönen, ursprünglichen Land, in dem die Natur noch in Ordnung war. In nächtlichen Träumen erlebte er die wahre Schönheit der Natur, er träumte von bilderbuchartigen Landschaften mit Bergen und Dörfern und ein sehr schönes Gefühl endlich angekommen zu sein stellte sich ein. Das Glücksgefühl war leider immer nur zu kurz und er wachte enttäuscht auf.

6 Freunde

Auf dem Stockwerk gegenüber, lebte die Familie Lohr mit Sohn Dettmar und zwei Schwestern. Wie H.-P., war auch Dettmar im Alter von vier Jahren mit seinen Eltern in die Siedlung gezogen. Seine Familie kam aus Limburg, ihr Deutsch war, im Gegensatz zu manchen Ostvertriebenen, immerhin verständlich. Allerdings war es nicht das vertraute Frankfurterisch seines Vaters.

Nach und nach kamen Dettmar und er sich näher und er durfte dann auch in dessen Wohnung. Dettmar hatte ein Hörspiel auf Schallplatte, auf der ein Eisenbahnunglück nachgespielt wurde. Es war eine Single, jede Seite dauerte nur ein paar Minuten. Immer wieder legte Dettmar die Platte auf und H.-P. konnte bald jeden Satz auswendig.

Auch wenn sie nah beieinander auf dem gleichen Stockwerk groß geworden sind, ist Dettmar nicht sein engster Freund geworden. Die beiden Familien wollten nicht richtig zueinander passen. Sicherlich hat sein Vater wenig Gutes für die Beziehung zwischen den beiden Familien getan. Alltägliche Konflikte behandelte er aus dem Bauch heraus. Je nach Laune wurde ein Streit auch mal mit einem gemeinsamen Schnaps beigelegt, meistens wurde jedoch in schlechter Laune wild drauflos gepoltert. H.P. dachte, dass nur sein Vater mit seinen Launen Schuld an der unguten Nachbarschaft war.

H.-P.s Vater wechselte unzählige Male seine Arbeitsstelle. Er ließ keinerlei Kritik an sich und seiner Arbeit zu. Wenn ihm ein Chef oder Vorgesetzter etwas sagte, was als Kritik ausgelegt werden konnte, war er sofort beleidigt und blaffte unsachlich zurück.

Ein Wort gab das andere und er beendete die Auseinandersetzung mit seinem Standardspruch: „Sucht ihr euch en annern Clown, ich such mer en annern Zäkus“. In den sechziger Jahren war es kein Problem eine neue Arbeit zu finden, schon am nächsten Tag fing er meist mit einer kleinen Lohnerhöhung bei einer neuen Firma an.

Seiner Frau gingen die ständigen Wechsel seiner Arbeitsstellen gegen die Natur. Sie sorgte sich über seine Unbeherrschtheit und ihr wäre es am liebsten gewesen, wenn ihr Mann für immer bei einer Firma geblieben wäre. Wenn sie ihm das aber sagte, war das Kritik. Und Kritik ließ er nicht zu, sie machte ihn wütend. So schwieg sie, wenn er wieder einmal von der Arbeit kam und ihr von seiner Kündigung berichtete.

Eine Zeit lang war er bei den städtischen Küchenbetrieben angestellt und fuhr das Essen für die städtischen Kindergärten und Heime aus. Schon immer ‚organisierte‘ er alles für seine Familie. Warmes Essen war, bei seiner Kindheit und nach dem anschließenden Krieg und der Gefangenschafft, etwas, was er nicht stehen lassen konnte. So brachte er nach Feierabend häufig übrig gebliebenes Essen mit nach Hause. Oft war es mehr als die Familie essen konnten, dann bot er der Familie Lohr davon an. Frau Lohr nahm es gerne und versorgte ihre Familie damit. Dabei beließ sie es aber nicht. Sie rief bei den Küchenbetrieben an und erzählte, dass Herr Baum die ganze Siedlung mit Essen versorgen würde. Als er am nächsten Tag von seinem Vorgesetzten zur Rede gestellt wurde, gelang es ihm die Sache abzuwiegeln. Am Abend aber tobte er und polterte an Lohrs Tür. Als Frau Lohr öffnete, brüllte er los und überzog er sie mit derben Schimpfworten. Herr Lohr kam hinzu und H.-P. befürchtete schon, dass es er aggressiv werden würde. Er war aber kleiner und nicht so kräftig wie sein Vater. So ließ er den Krach nicht bis zum Äußersten kommen. So blieb ihnen eine Schlägerei im Treppenhaus erspart.

Obwohl die Eltern sich nicht gut verstanden, entwickelte sich trotzdem eine Freundschaft zwischen Dettmar und H.-P. Vielleicht verband sie das Gespür, wie sinnlos der Streit zwischen den Eltern war, wie hilflos sie der Situation in der Vorstadtsiedlung mit ihren bunt zusammen gewürfelten Flüchtlingen ausgeliefert waren.

Ein Stockwerk tiefer wohnten Herr und Frau Kazmirczak mit Tochter Gabi. Frau Kazmirczak kam aus Polen und hatte einen polnischen Akzent. Sie sprach das ü als i aus. Gabi war für ihr Alter mehr als groß und kräftig, ihre Mutter mästete sie regelrecht.

Im Treppenhaus hing die Hausordnung mit Putzplan für Treppenhaus und Keller.

Der Keller war H.-P.s Vaters Rückzugsgebiet. In seinem Verschlag hatte er sich einen zur Werkbank umgebauten Schreibtisch eingerichtet. Dort hütete er seine kleinen Schätze. Teils praktische Dinge, wie Schachteln voller Zollstöcke, aber auch einfachen Krimskrams bis zu einer von ihm zum Ventilator umgebauten Fönhaube. Manchmal saß er nur vor dem Schreibtisch, hörte Radio und erfreute sich an seinen kleinen Kostbarkeiten.

Als Kazmirczaks wieder an der Reihe zum Putzen des Kellers waren, steckte plötzlich ein Steckschloss in der Tür zur der für die Allgemeinheit bestimmten Waschküche. Als er sah, dass die Waschküche versperrt war, polterte er wild schimpfend durch das

Treppenhaus. Aber Kazmirczaks blieben stur und er kochte vor Wut. H.-P. schlich sich den Keller und beschäftigen sich mit dem Steckschloss. Irgendwie musste es möglich sein, das unverschämte Ding aus dem Schloss heraus zu bekommen. Erst ließ es sich bewegen und er glaubte, es so herausziehen zu können. Aber dann verklemmte es sich und er musste aufgeben. Später drangen aus dem Keller zischende Schimpflaute von Frau Kazmirczak, sie wollte in die Waschküche, aber ihr Steckschloss ließ sich nicht öffnen. Herr Kazmirczak kam dazu und meinte, dass hier ein Profi am Werk gewesen sein musste. Mittlerweile kamen, durch das Gekreische von Frau Kamzirczak angelockt, Frau Lohr und Dettmar in den Keller. H.-P.s Vater schaute sich kurz das Schloss an und meinte, dass Frau Kamzirczak nun sehen könne, was sie angerichtet hätte. Sie stellte sich ihm mit dem Zeigefinger drohend in den Weg und meinte, dass er das Schloss kaputt gemacht hätte. H.-P.s Vater bekam eine unbeherrschbare Wut, er musste jetzt den Keller verlassen, bevor etwas Schlimmes passiert. Erst schrie er ‚Du dumm Sau', dann schubste er sie zur Seite und machte sich so den Weg nach draußen frei. Dettmar hatte die ganze Szene in einer dunklen Ecke stehend, beobachtet und sagte kein Wort.

H.-P. hatte mit seiner heimlichen Aktion einen Streit im Haus angezettelt. Das Urteil von Herrn Kazmirczak ehrte ihn zwar, aber er schämte sich, dass er das Schloss kaputt gemacht hatte. Er verschwieg, dass er „der Profi" gewesen war. Er hatte sich gewünscht, dass sein Vater den Streit um die Waschküche gewinnen würde. Vielleicht, in dem er einfach die Tür mit einem kräftigen Stoß durchbrochen hätte oder dass er dem Hausmeister sachlich dargelegt hätte, was hier passiert war und dann Frau Kazmirczak demütig das Schloss entfernen müsste. Aber so war ihm das Ganze sehr peinlich. Er schlich davon und vergaß die Geschichte bald. Am nächsten Tag war das Steckschloss verschwunden.

Alle Kinder waren stolz auf ihre Väter und prahlten gerne über ihre Kräfte. H.-P. schwärmte von der Kraft seines Vaters und stellte, ohne ein Beispiel zu nennen, in den Raum, dass er sich gegen jeden Angreifer zur Wehr setzen könne. Dettmar behauptete von seinem Vater das Gleiche. Herr Lohr war aber von kleiner Statur, was nicht zu übersehen war. Anstatt mit einer Geschichte über eine erfolgreiche Auseinandersetzung seines Vaters aufzuwarten, meinte Dettmar, dass er ja schon miterlebt hätte, wie sein Vater sich prügeln würde. Verwundert hörten sich die Kinder an wie er erzählte, dass er eine Prügelei mit Frau Kamirczak beobachtet hätte. Da hätte er gesehen, dass sein Vater sich nicht einmal gegen eine Frau währen könne.

Die Behauptung kam so überraschend und war so falsch, dass H.-P. nichts erwidern konnte. Er bekam wieder ein schlechtes Gewissen wegen dem Steckschloss und ging enttäuscht und beschämt nach Hause.

Oft fühlte er sich Dettmar unterlegen. Bei jeder sich bietenden Gelegenheit hob Dettmar hervor, wie überlegen er und seine Eltern seien. In der Tat war er etwas kräftiger als H.-P. Er baute größere und schönere Sachen aus Legosteinen, er konnte früher und besser rechnen. Vor allem aber hatte er zwei Schwestern, in deren Mitte er als Stammhalter einen festen Platz innehatte.

H.-P. hatte oft das Gefühl, von ihm belächelt zu werden. Als ob seine Blicke sagen würden: Ich weiß, wie schwach Du und Deine Familie sind und ich kenne die geheimen Wunden deines Vaters.

So entwickelte sich zwischen ihnen keine tiefe Freundschaft, in der man auf den Freund wie auf sich selbst achtet. Ihnen fehlten die glücklichen Momente der Kindheit. Stunden des gemeinsamen Träumens, eng aneinander gekauert in einer Ecke sitzen und den Himmel beobachten, sich gegenseitig Geschichten erzählen und in Phantasiewelten tauchen.

All das hatte er mit Otto erlebt. Otto wohnte auf der anderen Straßenseite in einem der alten Häuser, die schon vor dem Bau der Siedlung standen. Hinter dem Haus war ein großer Garten mit Brombeerhecken, Obstbäumen und einer Wiese. Oft kauerten Otto und er unter dem Erdgeschoßbalkon an seinem Haus und erzählten sich Geschichten. Wenn es die Stimmung erforderte, ließ Otto einfach die Wahrheit außer Acht. Gern ließ H.-P. sich auf seine Geschichten ein und tat so, als ob er an deren Echtheit glaubte. Die Schönheit der Illusion siegte weit über die Wahrheit. Im Sommer wurde im Garten ein Zelt aufgebaut. Die beiden Buben stellten sich vor, dass sie ohne Eltern auf sich selbst gestellt wären und in diesem Zelt lebten. Also legten sie sich Vorräte von Brombeeren und Äpfeln an.

Besonders gemütlich wurde es, wenn der Regen auf das Zeltdach prasselte. Otto behauptete dann, dass das Zelt absolut wasserdicht sei und sogar schwimmen könne, wenn man es ordentlich verschloss, in dem man die Reisverschlüsse ganz weit zuzog. Er verschloss das Zelt sorgfältig und sie schmiedeten Reisepläne. Otto erzählte vom Meer mit Wellen und Muscheln und H.-P. wünschte sich, auch einmal dort zu sein. So entstand der Plan, das Zelt zur Nidda zu tragen und im Zelt flussabwärts bis zum Meer zu fahren. Für eine Fahrt bis zum Meer brauchte man aber viel zu essen, also pflückten sie noch mehr Beeren und kamen abends zerkratzt und rot verschmiert nach Hause.

Eine äußerlich normale Familie waren die Herberts. Vater, Mutter, drei Kinder. Wie bei alle Kindern der Siedlung besuchten man sich gegenseitig. Bei Herberts tat H.-P. das aber nicht gerne. Wenn Frau Herbert die Tür öffnete, wurde er oft mit wenigen, meckernden Worten abgewiesen. Meistens verstand er nicht warum. Nur wenn es sich im Winter nicht vermeiden lies, durfte er ausnahmsweise ihre Wohnung betreten. Frau Herbert fuhrwerke dann missbilligend in der Wohnung herum. Mit zusammengekniffenen Lippen gab sie Befehle oder drohte mit Strafen, wenn sie glaubte, die „heilige" Ordnung der blitzblank geputzten Wohnung könne in Gefahr geraten. Sein Freund Hannes, Spitzname Mockel, hatte einen kleinen Bruder Detlev und eine jüngere Schwester Gisela, die eine Kopie der Mutter zu sein schien. Sie scheuchte die Kinder mit dem Staubsauger bewaffnet durch das winzige Kinderzimmer.

Gänzlich anders, im Vergleich zu den anderen Vätern der Siedlung, war Herr Herbert. Wenn H.-P. in die Wohnung kam, saß er Pfeife rauchend, mit einer Zeitung im Wohnzimmer. Er begrüßte ihn und unterhielt sich mit ihm. Er fragte interessiert nach seiner Meinung zu Dingen, die in oder außerhalb der Siedlung passierten. Er hörte sich seine Meinung dazu an, nahm sich Zeit darüber nachzudenken und kommentierte sie so, dass H.-P. das Gefühl hatte, etwas Richtiges gesagt zu haben. Er lieh Bücher aus der Leihbibliothek, die er weiter an seine Kinder gab. Er fuhr mit dem Fahrrad zur Arbeit und ging im Sommer in das nahe Freibad, wo er Bahnen schwamm. Sich zu bilden und etwas für seinen Körper zu tun war damals sehr außergewöhnlich.

Hinzu kam, dass er als Werkzeugmacher detailliert Funktionen von Werkzeugen erklären konnte. H.-P. beneidete Hannes um seinen Vater. Er wünschte, dass sein Vater mehr als nur die Bildzeitung lesen würde. Er stellte sich vor, dass sein Vater mit mehr Bildung, und ohne seine Unbeherrschtheit und Raserei sein Leben besser im Griff hätte. Er träumte davon, dass er ihm durch sein angelesenes Wissen alles hätte beibringen können. Wie man zum Beispiel eine Seifenkiste baut oder er hätte ihm etwas über fremde Länder erzählen können. Aber er hatte den Beruf des Metzgers erlernt, und so die Sicherheit erlangt, dass er nicht mehr hungern musste.

7 Schlachthof

An einem Morgen, als H.-P.s Vater noch als Metzger arbeitete, wurde H.-P. ganz früh geweckt. Heute ging er ihm seinem Vater zur Arbeit. Der Vater blickte ihn aus seinen schlafverquollenen Augen an, und sein Kommentar zum frühen Aufstehen war: „Wenn mer ma wach is, gehds“. Selbst seine Mutter, die sonst immer als erste aufstand, lag noch im Bett. Die beiden gingen ohne zu frühstücken aus dem Haus und stiegen in ihren Opel Kadett. Der Vater startete den Motor und schaltete das Radio ein. Nach ein paar Versuchen gab er auf, einen passenden Sender zu finden, es wurde noch das Nachtprogramm ausgestrahlt. Sie fuhren durch die menschenleere Stadt Richtung Sachsenhausen. Die Ampeln waren ausgeschaltet oder blinkten gelb, und so erreichten wir ohne anzuhalten das große Eingangstor des Schlachthofs. Der Pförtner grüßte sie freundlich wie alte Bekannte und sie parkten am Rande des breiten Hauptweges an dem sich viele Hallen und Viehgatter befanden. Der Vater holte seine Ledertasche aus dem Kofferraum. Darin waren seine Gummistiefel, sein Arbeitsanzug und seine, in einem beigen Leinentuch eingewickelten Messer. Weiter hinten wurde auf dem Weg stehend um Schlachtvieh gehandelt. Ein Viehhändler in knöchellangem Metzgerkittel handelte mit einem Bauern per Handschlag um eine, neben den beiden stehende, Kuh. Plötzlich riss sich die Kuh los und trabte im wilden Galopp davon. Viehhändler und Bauer liefen hinterher, bis sie im Halbdunkeln verschwanden. Belustigt schaute sein Vater kurz dem Schauspiel hinterher und ging in Richtung eines schuppenähnlichen Anbaus, der an eine graue Halle angelehnt war.

Noch bevor sie die Arbeitsstätte erreichten, unterhielt sich sein Vater mit Kollegen und Bekannten über Dinge, die H.-P. nicht verstand. Ein anderer Viehhändler zog aus seinem Kittel einen Bündel Geldscheine, den er seinem Vater zeigte. Es war wohl das, was er heute schon verdient hatte. Nach dem Batzen Geld zu urteilen, war er viel reicher als sie. Normalerweise hatten sie zu solchen Leuten keinen Kontakt, aber hier im Schlachthof schien der Unterschied zwischen Arm und Reich aufgehoben zu sein. Alle waren Arbeiter mit einem besonderen Beruf, der die Trennung der Schichten aufzuheben schien.

Ein weiterer Mann kam hinzu, begrüßte seinen Vater beim Namen und ging mit in die Baracke. Überall wurde H.-P. wohlwollend freundlich begrüßt, man klopfte ihm auf die Schulter, suchte nach kleinen Geschenken, einer Mark oder er bekam einfach das mit Butter bestrichene Frühstücksbrot.

Wie sein Vater waren aller Männer bärenstark mit kräftigen Armen und Händen wie Pranken. Aber in ihren Gesichtern war zu sehen, wie manche das Kind an seiner Hand nachdenklich stimmte. Vielleicht sahen sie, dass er, ebenso wie die Tiere, wehrlos und verletzlich war. Oder sie fragten sich, ob er auch einmal Metzger werden würde und die traurige Aufgabe bekommen würde, Tiere töten zu müssen.

Dann gingen sie in den Umkleideraum mit langen Reihen von Spinden. Die Männer zogen sich teilweise bis auf die Haut aus und er staunte, wie offen hier mit Nacktheit umgegangen wurde. Sein Vater umwickelte seine Füße mit Fußlappen, schlüpfte in kniehohe Gummistiefel und zog sich eine beigefarbene, knöchellange Gummischürze über den Kopf. Dann ging es weiter in den Anbau, in dem heute Schweine geschlachtet wurden. Er wurde einem jüngeren Kollegen anvertraut, denn sein Vater hatte jetzt keine Zeit für ihn. H.-P. spürte seine Anspannung, in der er ihn jetzt nicht gebrauchen konnte.

Die Schweine waren in einen Pferch aus grauem Eisenrohr gesperrt, von dem aus sie in eine enge Gasse getrieben wurden. An deren Ende standen sein Vater und ein weiterer Schlachter mit Elektrozangen, die sie den Schweinen in den Nacken drückten. Danach wurden sie an den Hinterläufen aufgehängt und vom nächsten Team abgestochen. Die Schweine schrien oder wehren sich nicht. Sie trotteten einfach an das Ende des Ganges, ein kurzes Zucken und schon hingen sie am Haken. Sie spielten brav ihre Rolle in dem Arbeitsalltag des Schlachthofes. Vater und der zweite Schlächter beschwerten sich über die Elektrozangen, die offenbar nicht gut isoliert waren.

Nachdem er beim Schweineschlachten zugeschaut hatte, wurde er von dem Kollegen nach nebenan in den Aufenthalts- und Frühstücksraum mit großen Holztischen und Bänken geführt. Er war noch recht jung und unbeholfen im Umgang mit mir. Er sollte am besten schlafen, er zeigte ihm, wie das mit dem Kopf auf der Tischplatte und verschränkten Armen ging. Er dachte, dass es viel zu unbequem zum Schlafen sei, probierte es aber trotzdem mal aus.

Man weckte ihn zum Frühstück. Obwohl er nicht gearbeitet hatte, war er genauso hungrig wie die Männer. Sie aßen frische, warme Wurst, die ausgezeichnet schmeckte. Das Frühstück war die Belohnung für die harte Arbeit, welches die Männer zufrieden genossen.

Schon bald leerte sich der Raum wieder und er blieb alleine zurück. Das Brummen der Neonlampen ließ ihn schnell ermüden, und er schlief mit dem Kopf auf dem Tisch wieder ein. Später betrat sein Vater erleichtert den Frühstücksraum, zog sich wieder um, und sie traten aus der Halle in das helle, warme Sonnenlicht. Die Stadt war wach und geschäftig. H.-P. blickte in die vielen Autos um uns herum und dachte, dass niemand außerhalb unseres Autos wusste, dass er heute schon so früh aufgestanden war.

Wenn er heute vor der Wursttheke eines Lebensmittelmarktes steht, versucht er sich wieder an den guten Geschmack der Wurst von damals zu erinnern. Aber dann kommen in ihm die Bilder der Tierquälereien in der modernen Fleischproduktion hoch und er wendet sich angewidert ab.

Er glaubt, damals eine besondere Verbindung zwischen den Metzgern und dem Schlachtvieh gespürt zu haben. Der Betrieb folgte einer höheren, man könnte beinahe sagen kosmischen Ordnung. Nicht, dass die Tiere den Metzgern leidtaten, aber diese Ordnung hätte es nicht zugelassen, dass die Tiere, wie in manchen heutigen Betrieben, maschinell getötet werden. Die Tiere wurden damals von Menschen getötet, die eine Verantwortung trugen. Die Metzger damals mussten ihr Handwerk so gut beherrschen, dass die Tiere ohne Angst und Qualen starben.

Leider musste sein Vater später seinen Beruf wegen einem nicht mehr heilenden Fußpilz aufgeben. Der Arzt riet ihm keine Gummistiefel mehr zu tragen, aber Gummistiefel waren die einzigen Schuhe, bei denen er während der Arbeit keine nassen Füße bekam. Hinzu kam, dass man in der Metzgerei, in der er später arbeitet, nicht wirklich zufrieden mit ihm war. Seine Arbeit war zwar in Ordnung, aber man konnte ihm einfach nichts sagen, ohne dass es Streit gab. Der Rat des Arztes war eine gute Gelegenheit, dem schwelenden Konflikt ein Ende zu bereiten und er kündigte. Er begann als LKW-Fahrer, hier war er sein eigener Herr.

8 Gelöscht

Onkel Peter hatte H.-P. sein gebrauchtes Tonbandgerät mit Mikrofon geschenkt, es war eines der ersten Tonbänder auf dem Markt. Er war sehr stolz auf das moderne Gerät. In der Familie war er der einzige, der es bedienen konnte.

Eines Tages kam Frau Beck zu Besuch. Seine Mutter meinte, er sollte ihre Stimme aufnehmen, sie sei eine alte Frau und so bliebe ihre Stimme für immer erhalten. Er hatte also die unangenehme Aufgabe bekommen, das Leben der alten Frau sozusagen über ihren Tod hinaus zu retten. Seine Mutter blieb in der Küche und er solle Frau Becks Stimme im Wohnzimmer aufnehmen. Er stellte das Mikrofon vor Frau Beck und startete die Aufnahme. Das Band lief und Frau Beck fragte, was sie sagen solle. Er blieb stumm und so raffte sie sich auf, ihren Namen, Wohnort und ein paar weitere Belanglosigkeiten zu nennen. Dann schloss sie mit den Worten: „Mehr weiß ich nicht".

Mit der Zeit bekam das Tonbandgerät eine neue, wichtige Funktion. Im Radio wurden die ersten Popsongs der sechziger Jahre gespielt. Für H.-P. öffneten sie Türen in die bisher unbekannte Welt der neuen Musik der sechziger Jahre. Einen Song zu besitzen und hören zu können, wann man es wollte, war etwas ganz Besonderes. Daher stand sein Tonband mit Mikrophon immer aufnahmebereit vor dem Radio. Sobald die ersten Töne eines guten Songs erklangen, stürmte er ins Wohnzimmer und drückte die Aufnahmetaste. Der Rest der Familie musste mucksmäuschenstill sein. Dabei vergaß er einmal, dass das Band mit Frau Becks Stimme eingelegt war. Als er es bemerkte, war es zu spät. Er hatte Frau Becks unsterbliche Erinnerung nur wegen eines Beatle Liedes gelöscht.

Danach traf H.-P. Frau Beck nur noch einmal, als es mit Herr Beck zu Ende ging. Auch die Becks waren in der Zwischenzeit in eine neue Wohnung am Stadtrand gezogen, wo er sie mit den Eltern besuchte. Herr Beck lag unter einer dicken Decke schwer atmend auf der Couch, Frau Beck stand mit eiserner Miene nehmen ihm. Er freute sich sehr H.-P. zu sehen und sagte noch einmal sein zufriedenes ‚schee'. Schee, dass du mich besuchst". Dann blickte er seinen Vater an und nannte ihm seinen letzten Wunsch: „Gebt mer doch noch e Schnäpsche". Aber auch in ihrer Gegenwart blieb Frau Beck hart, der Arzt hatte es verboten und dabei blieb es.

Am nächsten Tag starb Herr Beck. Erst einige Jahre später, als Frau Beck gestorben war, erfuhr H.-P., die verborgene Geschichte der Becks. Sie hatten vor dem Krieg zwei Söhne und eine Tochter gehabt. Der erste Sohn war als Kind an Scharlach gestorben, den zweiten Sohn und die Tochter nahm ihnen der Krieg. Der Sohn fiel als Soldat, die Tochter war bei einem Bombenangriff umgekommen. Frau Beck war zu dieser Zeit Dienstmagd in einer Frankfurter Familie, und war mit ihrer Tochter und dem Kind der Familie in den Keller geflüchtet. Der Keller hielt dem Bombenhagel nicht stand, alle wurden verschüttet. Frau Beck wurde als einzige Überlebende aus den Trümmern gerettet.

9 Erholung

Bevor H.-P. 1963 in die Schule kam, musste irgendeine Art Behörde seinen Eltern gesagt haben, dass er zur Erholung müsse, vielleicht mit dem Argument, dass er zu dünn sei.

H.-P. fand es gut, der Enge des Elternhauses zu entkommen. Denn sein Vater kontrollierte nicht nur seine Mutter, sondern natürlich auch ihn. Er akzeptierte keinen eigenen Bereich, nichts durfte ihm verborgen bleiben, selbst die Toilette durften man nicht absperren, so dass er jederzeit ohne Vorankündigung hereinplatzen konnte.

So freute H.-P. sich auf die Zeit im Erholungsheim. Seine Eltern brachten ihn zum Römerberg, wo der Bus nach Bad Soden – Salmünster abfuhr. Verwundert sah er, wie Eltern ihre Kinder an sich drückten, als ob sie sie für lange Zeit oder gar für immer nicht mehr sehen würden. Er freute sich auf das Kinderheim und stieg schnell in den Bus.

Bei der Ankunft wurden die Kinder wortlos aus dem Bus in das Heim getrieben. Sie mussten sich im Eingangsbereich aufstellen, wo weit vorne die Regeln des Heims verlesen wurden. H.-P. wartete auf eine persönliche Ansprache, ein Willkommen, einen Händedruck, die Frage nach seinem Namen. Aber es blieb bei dem Verlesen der Regeln. Es dauerte eine Weile, bis er realisieren musste, dass er in den Augen der Erzieherinnen nicht mehr als einzelnes Kind existierte, sondern sie die Kinder nur als eine Menge behandelten. Die Kinderschwestern blieben anonym, ihre Gesichter waren weit hinten im Halbdunkel ihrer Hauben verborgen. Sie spulten ohne jegliche Zuneigung zu den Kindern einfach ihr Programm ab. Sie trieben die Kinder wie eine Herde vor sich her. Vom Essen zum Schlafen, in den Außenbereich und so weiter.

Nach der Ansprache wurden die Kinder in ein kleines Hallenbad gebracht. Noch immer erwartete H.-P., dass sich jemand um ihn kümmern würde. Aber die beaufsichtigende Schwester beachtete ihn nicht. Ängstlich und hilflos saß er in nasser Badehose auf einer Steinbank. Er fühlte sich einsam und verlassen. Er war zu jung, um alleine zurechtzukommen. Andere Kinder, die noch am Bus geweint hatten, schien das nicht so viel auszumachen. Als endgültig klar war, dass sich niemand mehr um ihn kümmern würde und er als Kind aufgehört hatte zu existieren, begann er zu weinen. Sein Schluchzen ging im lauten Geschrei der Kinder in der Schwimmhalle unter. Noch heute erinnern ihn laute Hallenbäder an die damalige Einsamkeit.

Danach ging es zurück in den Speisesaal, wo die Mästung begann. Denn Erholung bedeutete, dicker als zuvor zurück zu kommen. Zum Glück wurde bei ihm zu Hause kein Wert auf gutes Essen gelegt. Vielmehr war die Menge ausschlaggebend. So zählte er nicht zu den Kindern, die ihre großen Portionen nicht immer aufessen konnten. Sie mussten dann solange vor ihrem Teller sitzen, bis alles aufgegessen war. Selbst wenn sich ein Kind übergeben musste, galt die Regel weiter. Wenn die Essenszeit vorüber war, gaben die Schwestern Befehl zum Verlassen des Speisesaals. Dann mussten sich die Kinder in Zweierreihen aufstellen, an die Hand nehmen und auf einen weiteren Befehl hin aus dem Saal gehen. Einmal sah er, dass ein einzelnes Kind vor einem Teller sitzen bleiben musste. Im Vorübergehen sah er auf den Teller des Kindes. Über den Resten des Mittagessens lag

Erbrochenes. Schnell richtete er seinem Blick wieder nach vorne und war froh, den Speisesaal verlassen zu dürfen.

Nach dem Essen wurden sie zur Toilette geführt, wo sie ihr großes Geschäft zu erledigen hatten. Dort verteilte eine Kinderschwester das Toilettenpapier und überwachte, vor den Toilettenkabinen stehend, den Vorgang. Die Kabinen hatten keine Türen, so hatte die Schwester die Kontrolle über alle Kinder. Hätte man einen Nachschlag Papier benötigt, hätte man aufstehen und zur Schwester gehen müssen. Niemand ist aufgestanden, um mit runter gelassener Hose vorzutreten. Anfänglich gelang H.-P. der mittägliche Toilettengang, aber nach einigen Tagen verschloss sich sein Darm und er bekam Verstopfungen. Natürlich verschwieg er das Problem. Er tat dann so, als ob er sich entleerte, blieb dann noch eine Weile sitzen und verbrauchte am Schluss artig sein Klopapier. Anfänglich weinte er viel. Die Schwestern funkelten ihn dann böse an, rissen ihn am Arm und schüttelten ihn. Dann traute er sich nicht mehr zu weinen. Von da an begann er sich in sich zurückzuziehen und durchlebte die Tage wie in Trance. Sie waren für ihn eine Unterbrechung des Schlafs, sein Zeitempfinden hatte sich verändert. Die Zeiten zwischen Aufstehen und Mittagsschlaf und bis zum ins Bett gehen am Abend spulte er willenlos hinunter. Im Bett und während der Mittagzeit auf dem Boden schlafend war er wieder bei sich und fühlte sich einigermaßen geborgen. So verbrachte er sechs endlose Wochen, bis ihn seine Eltern mit einem neuen Auto abholten und er endlich wieder zurück nach Hause kam.

10 Schwester

Nach dem Erwachen war das Licht im Zimmer milchig weiß. An den Fensterscheiben waren über Nacht Eisblumen gewachsen. H.-P. stand auf, ging zum Fenster und stützte sich mit dem Ellenbogen auf die Fensterbank und hauchte ein Loch in das Eis. Vaters Auto war weg, er war schon längst auf der Arbeit. Die Ärmel seiner Schlafanzugjacke wurden nass, auf der Fensterbank stand Wasser. Es war kalt und er huschte in Mutters Bett. Sie kam und machte ihm ein Fläschchen mit warmer Milch. Beides durfte Vater nicht wissen. Dass er in Mutters Bett kam war verboten und dass sein Sohn mit über vier Jahren noch ein Fläschchen bekam, ebenso. Er kuschelte sich in die Wärme von Mutters Bett. Noch schöner wäre es gewesen, wenn sie noch einen Moment zu ihm gekommen wäre, aber das getraute sie sich nicht. Das Risiko, dass es Vater erfahren könnte, war ihr zu groß. Dies war das letzte Mal, dass er in Mutters Bett liegen durfte.

Nachdem er angezogen war, ging seine Mutter mit ihm auf den Balkon. Sie stellte einen Unterteller mit etwas Zucker auf das Fensterbrett. Das sei für den Klapperstorch. Morgen würden sie schauen, ob er den Zucker geholt hätte. Er kannte den Storch aus Kinderbüchern und konnte sich nicht vorstellen, dass so ein Tier in dieser kalten Zeit auf ihren Balkon geflogen käme und mit seinem langen Schnabel den Zucker aus diesem Tellerchen fressen würde. Er dachte nicht weiter darüber nach und vergaß den Zucker. Am nächsten Morgen ging Mutter mit ihm wieder auf den Balkon. Er sollte nach dem Zucker schauen. Er wollte nicht nach dem komischen Schälchen schauen. Aber seine Mutter bestand darauf. So ging er an der Hand der Butter auf den Balkon. Mit künstlichem Ton verkündete sie, dass der Zucker weg sei. Der Klapperstorch hatte ihn über Nacht geholt und nun würde er zum Dank ein Baby bringen.

Seine Mutter erzählte ihm später, dass seine Geburt eine Tortur für sie war. Sechszehn Stunden Wehen, wirklich schlimm wären aber die Nonnenschwestern des Schifferkrankenhauses gewesen. Grob und barsch hätten sie ihr gesagt, dass sie sich nicht so anstellen und sich doch gefälligst zusammenreißen solle. Dabei hätte sie sich so sehr nach einem guten Wort oder einem freundlichen Händedruck gesehnt. Aber die Schwestern blieben hart.

So etwas wollte sie kein zweites Mal mehr durchmachen und seine Schwester kam in der Wohnung zur Welt. Die Erklärung, dass die Mutter am nächsten Morgen nicht in der Küche stand, sondern im Bett lag, war, dass der Klapperstorch, nachdem er seine Schwester gebracht hatte, ihr in das Bein gebissen hätte.

In seinem Kinderzimmer stand jetzt ein Gitterbettchen durch dessen Stäbe er nur Kissen und Decken sah. Er wusste nicht recht, wer oder was darin lag, er konnte sich nicht vorstellen, dass das kleine schreiende Bündel seine Schwester Theresia sei. Sie forderte die ganze Aufmerksamkeit der Eltern, denn sie schrie viel und den Eltern gelang es oft nicht, sie zu beruhigen. Auch während der Taufe schrie sie ohne Unterlass und der Pfarrer meinte, dass sie mal eine gute Sängerin im Kirchenchor werden würde.

Ihre Wohnung hatte Küche und Bad, ein Wohnzimmer, ein Schlafzimmer, und ein kleines Kinderzimmer für seine Schwester und ihn. Die Betten wurden tagsüber nach oben geklappt, dann sahen sie wie schmale und lange Kommoden aus. Die Wohnung hatte etwas Bedrückendes. Schon früh träumte er, ihrer Enge zu entkommen. Außer den Betten gab es im Kinderzimmer noch ein Regal. Ein Fach war durch eine Klapptür verschlossen, die sich nach unten öffnen ließ und so zu einer Schreibfläche umfunktioniert wurde. Dies war sein Schreibtisch mit einem Fach für Papier, Stifte und Schulbücher. Gerne saß er an seinem Schreibtisch. Hier ließ ihn sein Vater wenigstens für kurze Zeit in Ruhe, während er sonst keine eigene Beschäftigung in der Wohnung zuließ. Man aß zusammen, schaute gemeinsam fern und wenn Vater zu Bett ging, mussten alle anderen auch zu Bett. Nur an seinem Schreibtisch war er alleine. Hier konnte er für kurze Zeit von einer anderen Welt träumen. Er begann Geschichten zu schreiben. Geschichten von fremden Städten mit großen Fabriken aus Ziegelstein und rauchenden, hohen Schornsteinen. Dort stellte er wichtige Dinge her. Alle anderen in der Fabrik bewunderten seine komplizierten Arbeiten. Für ihn waren sie aber ganz einfach herzustellen. Während der Arbeit blickte er durch die schmutzigen Scheiben der Fabrikfenster in den blauen Himmel und die Wolken über der Halle. Nach der Arbeit kletterte auf einen Hügel. Dort wartete er bis es Nacht wurde. Dann beobachtete er die feuerspeienden und rauchenden Schornsteine und Fabriken, durch deren Fenster das dort bearbeitete und glühendes Eisen schimmerte.

11 Mamor, Stein und Eisen

Die letzten Häuserblocks der Siedlung grenzten an Felder. Im Spätsommer rannten die Kinder über die abgeernteten Stoppelfelder, in deren Furchen Mäuse im Staub hin und her flitzten. Sie legten Schuhkartons in die Reihen und warteten, bis eine Maus hinein lief. Wenn sie schnell genug waren, gelang es, den Karton umzukippen und eine Maus zu fangen. Ihr graues Fell war samtweich und sie blickten die Kinder angstvoll aus ihren winzigen Äuglein an.

Neben dem Feld führte ein Weg entlang der Bahnlinie. Danach begannen Streuobstwiesen mit knorrigen Obstbäumen. Allmählich tauchte immer mehr Unrat auf, erst Hausrat, dann Autoteile, bis hin zu ganzen Autowracks. Der Weg führte in eine Senke mit einem angrenzenden Wäldchen. In den Bäumen gab es Baumhäuser, an den Ästen hingen Schaukeln aus Autoreifen mit denen man vom Baumhaus nach unten schwingen konnte. Hinter dem Wäldchen war eine kleine Koppel mit zwei Ponys. Die Rückseite der Koppel wurde durch Zirkus- und Wohnwagen begrenzt. Hier begann der offiziell genannte Wohnwagenpark Bonames. Niemand benutze diesen Begriff, für alle Bewohner der Siedlung war es das Zigeunerlager, deren Bewohner man verachtete. Sie waren „die Zigeuner", obwohl klar war, dass dort kaum ein Sinti oder Roma wohnte. Natürlich traute sich niemand ihnen offen feindlich entgegen zu treten, denn alle hatten eine Angst vor „Zigeunern".

Manchmal durchquerten deren Bewohner auf dem Weg zur weit entfernten Straßenbahnhaltestelle die Siedlung. Einmal trug ein erwachsen aussehender Junge ein großes Kofferradio auf der Schulter mit sich, aus dem in voller Lautstärke „Marmor, Stein und Eisen bricht, aber unsere Liebe nicht“ klang. Er hatte Stoffhosen, ein Sakko und Cowboystiefel an. Das Lied hatte so etwas unmissverständlich Klares, das alle Zweifel wegwischte. Ein Radio auf der Schulter zu tragen und laut mitzusingen war ein Bekenntnis. Er zeigte offen, dass er sich nicht um die Leute scherte.

Nachdem der Klang des Liedes am Ende der Straße verhallte, ging ein heimliches Aufatmen durch die Siedlung. Es war, als hätten die Bewohner solange die Luft angehalten, bis die Bedrohung vorbei war, und sie wieder zu ihrem Alltag zurückkehren konnten.

In jedem Haushalt der Vorstadtsiedlung lebten mindestens zwei Kinder. Kinderlose Paare gab es kaum. Zwei Eingänge weiter wohnte die Familie Schlump mit neun Kindern. Ihre Wohnung hatte nur ein Zimmer mehr. Die Betten der kleineren Kinder waren mit zwei Kopfkissen an Kopf- und Fußende ausgestattet. Trotz der Enge war das Wohnzimmer für die Kinder tabu und dem Vater vorbehalten.

Wenn H.-P. zu Besuch kam, reihe er sich in die Menge der Kinder ein und verschwand im Gewimmel. Frau Schlump arbeitete von früh bis spät in grauer Kittelschürze und zerzaustem Haar im Haushalt. Herr Schlump ging nach der Arbeit entweder ans Kiosk oder in „Die Eule“, eine kleine Kellerkneipe ein paar Straßen weiter. Am Abend kam er schwankend am Haus von H.-P. vorbeigelaufen.

Als seine älteste Tochter schwanger wurde, rastete der sonst ruhige Herr Schlump aus. Er brüllte immer wieder: „Wer war es?“. Tränenüberströmt gab sie zu, dass es einer aus dem Zigeunerlager war. Das war zu viel für ihn, er schlug ihren Kopf gegen den Wohnzimmerschrank bis die Tür eine Delle und einen Riss bekam. Für den Rest des Abends ging er in „Die Eule“ und es trat wieder Ruhe in der Familie ein. Die eingedrückte Schranktür und Irenes dicker Bauch waren die stillen Zeugen dieses Familiendramas.

12 *Diebstahl*

H.-P. bekam ein gebrauchtes Fahrrad geschenkt. Es hatte ein Trittbrett und eine Beinverkleidung wie bei einem Motorroller. Er fand es etwas altmodisch, aber seinem Vater gefiel es. Eines Abends wollte er nach dem Essen noch eine Runde um den Block fahren, aber das Rädchen war verschwunden. Er sagte es seinem Vater, der noch beim Abendessen saß. Als er hörte, dass das Rädchen weg war, wischte er sich dem Mund ab, stand auf und sagte: „Komm, wir gehen dein Rad holen." Sie liefen schweigend den Bahnweg am Feld entlang und H.-P. verstand allmählich, dass sie zum Zigeunerlager gingen. Auf beiden Seiten des Eingangs lauerten große Hunde an Ketten. Sie verhielten sich still, bis sie das Gelände betraten. Doch dann rannten sie, noch immer ohne einen Laut von sich zu geben gleichzeitig von rechts und links auf die beiden zu. Kurz bevor sie sie erreichten, endeten beide Ketten, so dass die Hunde in die Luft geschleudert wurden. Wieder auf den Füßen stehend bellten sie los, knurrten gefährlich und zeigten ihre Zähne. Die Ketten waren gerade so bemessen, dass ein schmaler Gang in der Mitte des Weges frei blieb. Wenn man also genau durch diese unsichtbare Gasse ging, konnten einem die Hunde nichts anhaben. Sein Vater hatte keine Angst vor Hunden. Er streichelte sogar einen, bevor sie weiter gingen. Er nahm Kurs auf einen der zwei größten Wohnwagen in der Mitte des Platzes. Der Wagen war sehr elegant, noch nie hatte H.-P. einen so großen Wohnwagen gesehen. Sie brauchten nicht zu klopften, ihr Kommen war nicht unbemerkt geblieben. In der Tür erwartete sie ein Mann, der größer als sein Vater war. Er hatte schwarzes, glatt gekämmtes, pomadiges Haar, und ein braun gebranntes Gesicht. Ihm fehlte der rechte Arm, dafür war sein linker Arm umso stärker und er schien so den anderen voll zu ersetzen. H.-P. spürte, dass er trotz seines Gebrechens ebenso stark wie sein Vater war.

Sein Vater stellte sich vor ihn, blickte ihm ins Gesicht und sagte: „Ihr Sohn hat meinem Sohn das Fahrrad gestohlen".

Der Mann überlegte einen kurzen Moment. Erst schwoll sein Gesicht an und er rang mit sich. Es ging um seine Ehre. Dann ließ er seinen Arm herab, senkte den Kopf ein wenig und bat die beiden hinein. Verlegen betraten sie den Wohnwagen und standen in einem gepflegten Wohnzimmer. Es war sauber und es sah wie in einer aufgeräumten Wohnung der Siedlung aus. H.-P. war erstaunt, dass hier alles so normal war. Auf der Couch saß eine rundliche Frau in einem bunten Gewand. Neben ihr kauerte ein Mädchen mit schwarzen, langen Zöpfen. Sie war hübsch, hatte braune, zarte Haut. Sie trug ein kurzärmeliges T-Shirt, an ihren Armen wuchs ein zarter Flaum. Sie starrte die beiden Gäste an und vergaß beinahe den Mund zu schließen.

Der Mann befahl seinen Sohn zu sich und H.-P. erkannte den Jungen mit dem Kofferradio. Er blickte ihn an und hieb ihm unvermittelt mit der flachen Hand mit voller Wucht ins Gesicht. Sein Kopf wurde herumgeschleudert. Er blickte zum Boden und gab keinen Laut von sich. „Hol das Rad", mehr sagte sein Vater nicht.

H.-P. wurde nach draußen geschickt und sein Vater blieb alleine im Wohnwagen. Verlegen stand er im Vorgarten und wartete. Der Junge verschwand zwischen den Wohnwagen und kam tatsächlich nach einigen Minuten mit seinem Rad zurück.

In seinem Gesicht war der roten Abdruck der Hand seines Vaters zu sehen. Er mied seinen Blick und gab ihm schnell das Rad.

Eine Weile standen sie sich wortlos gegenüber. „Es war meine Idee das Rad mitzunehmen, mein Vater hat nichts damit zu tun“. Ohne auf eine Erwiderung seiner Rechtfertigung zu warten, fragte er, wie sie an den Hunden vorbeigekommen wären und dass sie ganz schön mutig sein mussten. „Man darf Hunden nie zeigen, dass man Angst hat“ und H.-P. sagte die Wahrheit als er hinzufügte, dass er keine Angst hatte. Er streckte ihm die Hand entgegen: „Ich heiße Reimund“. Sein Vater kam aus dem Wohnwagen und nickte zufrieden, als er das Rad sah. Die Männer standen noch einen Moment vor der Tür und H.-P. hörte, wie Reimunds Vater halb entschuldigend sagte: „Wir leben halt von dem Schrott.“

13 Arbeit

H.-P.s Mutter war immer beschäftigt. Sie legte großen Wert auf Ordnung und Sauberkeit, aber es war keine zwanghafte Sauberkeit, wie bei den Herberts. Es konnte auch mal für kurze Zeit unaufgeräumt sein. Aber längere Unordnung erzeugte bei ihr eine diffuse Unsicherheit, so war es immer ordentlich und sauber.

H.-P.s Mutter hatte eine Putzstelle in einer Villa in Eschersheim. Die Hausherrin war froh, sie gefunden zu haben und man konnte nicht übersehen, dass sie Mutter darüber hinaus wirklich gerne hatte. Bei jeder ihr sich bietenden Gelegenheit erzählte sie ihrem Mann, wie gut seine Frau sei und wie gerne sie sie im Haus hatte. Aber anstatt sich über das Lob an seiner Frau zu freuen, versuchte er, ihre Arbeit schlecht zu machen und nörgelte an der angeblich zu harten Arbeit oder an der Bezahlung herum.

Wenn seine Mutter nach der Arbeit mit dem Fahrrad nachhause kam, hatte sie eine schwere Einkaufstasche an der Lenkstange gehängt. Mit rotem Kopf kam sie den Berg hinauf gestrampelt, zuhause angekommen stürzte sie sich sofort in die Küche. Die Hausarbeit musste bis zum Eintreffen ihres Mannes erledigt sein, denn dann musste sie sich voll und ganz ihm widmen. Saß er, während sie noch die Küche aufräumte, nach dem Abendessen alleine im Wohnzimmer, wurde er unleidlich und fragte sie durch die Wohnung meckernd, was sie denn da noch rumwühle. So setze sie sich zu ihm und ließ die Arbeit liegen. Deshalb musste sie hin und wieder eine Nachtschicht einlegen, um beispielsweise Berge von Wäsche zu bügeln, während der Rest der Familie schon schlief.

H.-P.s Vater kontrollierte und kommandierte seine Mutter ständig. Er ließ ihr keine Möglichkeit, etwas für sich zu tun.

Selbst wenn sie ihren Schwestern schrieb, konnte er das nicht leiden. Und sie anzurufen war wegen der „hohen“ Telefongebühren verboten. Wenn sie ihnen aber trotzdem schrieb, und er die Dankesantwort zu sehen bekam, wurde er gefährlich eifersüchtig. Besonders eifersüchtig wurde er, wenn Mutter sich mit ihren Geschwistern auf schlesisch unterhielt. Dann spottete er beleidigend über den schlesischen Dialekt, den er „Quark-Quark“ Sprache nannte.

Dann blickte sie lange aus dem Küchenfenster auf das Wäldchen. Wenn sie sich dann wieder zurück in die Wohnung wandte, schien es, als ob ihr die Sehnsucht nach Schlesien verloren gegangen war. Ihre Verstörtheit bekam dann beinahe irre Züge.

Ihre Schwester Rosel war nach dem Krieg in die Heilanstalt Herborn gekommen. An Wochenenden besuchte sie die Familie manchmal. In Sonntagskleidung fuhren sie dann mit ihrem neuen Opel Kadett auf das Anstaltsgelände. Zuerst warteten sie vor dem Haus, ringsherum war alles still, selten, begegneten sie jemanden. Einmal beobachtete H.-P. ein Pferdefuhrwerk den Weg hinauf fahren. Auf einem Pritschenanhänger transportierten zwei Männer in dunklen Anstaltsanzügen große Milchkannen. Als der Wagen durch ein Schlagloch fuhr, kippte eine Kanne vom Hänger und die weiße Milch ergoss sich in schnellem Lauf den schwarzen Teer-Weg hinab. Die kräftigen Männer stöhnten und jammerten ängstlich, wohl über die bevorstehende Strafe. Das Bild der weißen Mich auf dem schwarzen Asphalt und die Angst der Männer in ihren dunklen Anzügen stand für die Heilanstalt Herborn und blieb lange in seinem Kopf.

Nach einer Weile hörte man hinter der Tür ein Schlüsselgeklapper und die reibenden Drehgeräusche des Türschlosses.

Eine Krankenschwester in grauem Schwesternkleid mit weißer Haube öffnete. Sie gingen in einen kurzen Gang und standen vor einer weiteren Tür. Zuerst wurde die Außentür geschlossen, danach die zweite Tür geöffnet und sie betraten einen Warteraum. Außer einigen Stühlen gab es keine weiteren Möbel. Unterhalb der hohen Decke waren schmale Oberlichter, woran man sehen konnte, wie sehr dick die Mauerwände waren. Wieder mussten sie warten, bis die zweite Tür des Raumes geöffnet und Rosel von der Schwester hereingeführt wurde. Einen kurzen Moment konnte H.-P. in den großen Raum hinter Rosel spähen. Dort standen in Reihen Krankenhausbetten. Die Gänge zwischen den Betten waren gerade breit genug zum Laufen. Schnell wurde die Tür wieder abgeschlossen und seine Mutter drückte ihre Schwester in die Arme und weinte. Rosel stand mit geradem Rücken bewegungslos da, bis seine Mutter sie wieder losließ. Danach saß sie stocksteif auf einem Stuhl und schwieg. Die Fragen seiner Mutter beantwortete sie in kurzen, geflüsterten Sätzen und blickte dabei vor sich auf den Boden. Nach einer Weile kam die Schwester wieder in den Besucherraum und führte Rosel zurück in den großen Schlafraum. Teilnahmslos ließ sie die Verabschiedung über sich ergehen und verschwand bis zum nächsten Besuch, Wochen oder Monate später.

Bei einem der Besuche saß ein älterer Mann im Warteraum. Es war ein Bewohner der Anstalt, er trug den typischen grauen Anzug. H.-P. Vaters hatte keine Scheu vor Behinderten und begrüßte ihn freundlich per Handschlag. Den Mann überraschte die unerwartete Freundlichkeit, und er begann ein Gespräch. Aber er sprach in unverständlichen Lall-Lauten. Es klang wie das Gelalle eines Verrückten, H.-P. verstand kein Wort. Aber sein Vater hörte seiner durch Gesten untermalten Rede verständnisvoll zu. Am Schluss übersetzte er sie seiner Familie. Der Mann war im Krieg Fallschirmspringer. Bei einem Sprung blieb er an einer Kirchturmspitze neben den Kirchenglocken hängen. Das Glockengeläut hatten ihn taub werden lassen. H.-P. erschrak, schon alleine Taubheit genügte um hier eingeschlossen zu sein.

Zu Hause erzählte die Mutter, wie schlimm das Schicksal Rosel getroffen habe und was sie alles schon durchmachen musste. Stolz berichtete sie, dass Rosel, bevor sie in die Heilanstalt kam, Stenographie und Schreibmaschine schreiben gelernt hatte und damit eine Anstellung als Marinehelferin in Berlin bekam. Das war etwas Besonderes, sie zeigte ihren Kindern ein passbild-großes Foto, worauf Rosel in Uniform vor einer Schreibmaschine sitzend abgebildet war. Später begannen die Luftangriffe auf Berlin. Beiläufig erwähnte sie, dass Rosel oft und für lange Zeit in den Luftschutzkeller musste. Man unterstellte ihr dort unzusammenhängende Dinge erzählt zu haben, was Rosel aber kategorisch abstritt. „Sie war damals in Berlin völlig normal", sagte H.-P.s Mutter immer wieder und schüttelte dabei den Kopf. „Bis man sie eines Tages abholte und in eine geschlossene Anstalt brachte". Und dort hätte man an ihr rumexperimentiert und dabei sei sie verrückt geworden. Es gab Berichte von wechselnden Bädern, die man ihr verabreichte. Besonders schlimm sei gewesen, dass sie dabei durch ein Guckloch in der Tür beobachtet wurde, was ihr so peinlich gewesen wäre. Andeutungsweise fiel auch der Begriff Elektroschocks. Mit einer wegwischenden Handbewegung brach sie ihre Erzählung an dieser Stelle ab und blieb schweigend sitzen, bis sie mit einem Seufzer aufstand und in die Küche ging. Dort setzte sie sich an den Küchentisch und blickte ins Leere.

Wenn ihr Mann ihren abwesend, verstörten Blicke sah, musste er etwas unternehmen. Diese Gemütslage machte ihn unsicher und er musste etwas gegen ihre depressive Stimmung tun. Er scheuchte sie an die Hausarbeit, wo es immer etwas zu tun gab. So nahm er der Verstörtheit den Raum, sich weiter auszubreiten.

Als das zweite Kind zur Welt kam, brauchte ihre Verstörtheit nicht durch Extraarbeiten in Schach gehalten werden. Das übernahm seine Schwester, denn sie war ein unruhiges Baby, das ständig schrie. Sie schrie während ihrer Taufmesse ohne Unterlass, ohne dass seine Eltern etwas dagegen ausrichten konnten und alle froh waren, als die Taufe vorbei war und sie die Kirche wieder verlassen durften. Als es draußen seinen Eltern gelang, das schreiende Baby zu beruhigen, verstanden sie sich wie zwei Arbeiter, die eine schwierige Aufgabe gelöst hatten.

H.-P. wurde immer kleiner und stiller. Er spürte, dass seine Eltern selbst ein innerer Halt fehlte. Seine Mutter wirkte verstört und redete wenig, was sein Vater mit stiller Sorge beobachtete. Inmitten der hektischen Familie breitete sich in H.-P. eine Einsamkeit aus, der ein Gefühl der Schutzlosigkeit folgte. Hilflos versuchte er, an unpassenden Stellen Aufmerksamkeit zu erlangen und nörgelte zum Beispiel grundlos am Essen herum. Eigentlich sehnte er sich danach, dass sich seine Eltern Zeit für ihn nehmen würden. Er hatte so wenige schöne Momente mit ihnen erlebt und nun ging gar nichts mehr. An seinem fünften Geburtstag begann seine Traurigkeit. Seine Mutter backte gerade den Geburtstagkuchen. Es war am frühen Nachmittag und sie stand unter Zeitdruck, vor dem Eintreffen des Vaters fertig zu werden. H.-P. stand still im Flur und wurde immer trauriger, bis es seine Mutter bemerkte. Sein Verhalten verwirrte sie kurz, aber sie hatte keine Zeit und arbeitete weiter.

Seit diesem Tag begann er sich zurückzuziehen und ging in eine selbst gewählte Einsamkeit. Er ließ die wenigen Zärtlichkeiten seiner Mutter nicht mehr zu. Eine Selbstbestrafung, für die er kein Mitleid erhielt. Er wusste nicht, dass er noch klein und schwach war und dass ihm Zärtlichkeit gefehlt hatte. Von da an war er nicht mehr in der Lage, Nähe zu zulassen. Wenn seine Mutter ihn an sich drücken wollte, drehte er sich weg. Sein Vater nahm ihn ohnehin schon lange nicht mehr in die Arme. Je weniger er bekam, desto mehr bestrafte er sich, indem er fernblieb. Ein System, das niemand verstand, auch er nicht.

Draußen setzte er seine Selbstbestrafungen fort. Die anderen Kinder begannen zu spüren, dass mit ihm etwas nicht stimmte. Er kletterte auf Bäume, die eigentlich zu schwer zu erklettern waren. Dabei wurde er einmal von zwei Jungen beobachtet, die sich einen Spaß daraus machten, ihm den Abstieg zu erschweren, indem sie allerlei Gerümpel herbei zerrten und unter den Baum legten. Er bat sie nicht das Gerümpel wieder wegzuräumen und eigentlich wäre es das einfachste gewesen sich langsam am Stamm herab zu lassen. Er wusste, dass der Ast auf dem er saß, zu hoch war, um herab zu springen. Er fühlte sich wie ein in die Enge getriebenes Tier, das panisch fliehen möchte. Er sprang über ein eisernes Bettgestellt hinweg nach unten. Der Aufschlag war fürchterlich hart und er merkte sofort, dass sein Arm gebrochen war.

Sein Vater fuhr ihn ins Krankenhaus und der Arm wurde gegipst. Für kurze Zeit bekam er die ersehnte Aufmerksamkeit. In den entgeisterten Blicken der Eltern stand aber die Frage, warum er überhaupt vom Baum gesprungen war und sich dabei so verletzt hatte. Ihm war es peinlich, seinen Eltern zu erzählten, dass ihn die Jungen auf dem Baum belagert hatten. Er wollte nicht zugeben, von anderen Kindern schikaniert geworden zu sein und so gegenüber seinem Vater als Außenseiter dazustehen. Auch hätte er erklären müssen, warum er aus so einer Höhe gesprungen war. Er wusste nicht, warum dieser und spätere „Unfälle" passierten.

Zum Beispiel sein Unfall an der Bahnlinie. Sein Arm heilte nach einigen Wochen und er schloss sich den anderen Kindern wieder an.

Die Siedlung stand auf einer Anhöhe, die an der Bahnlinie endete. Der nächste Bahnübergang war außerhalb der Siedlung am Rande des ehemaligen Dorfes Eschersheim. Die Schranken wurden von einem Bahnwärter, der in einem Bahnwärterhäuschen saß, bedient. Auf der anderen Seite der Gleise hatte der Bahnwärter einen winzigen Kleingarten, den er zwischen dem Hoch- und Runterkurbeln der Schranken bearbeitete. Die Straße führte über die Gleise den Berg hinauf zur nächst gelegenen Bushaltestelle. Die linke Straßenseite war durch eine steil nach oben führende, hohe Böschung begrenzt. Oben gab es Kleingärten, deren Zäune am Beginn des Abhangs endeten. Jemand hatte entdeckt, dass man zwischen Böschung und Gartenzaun gerade noch stehen konnte und so an die Brombeeren kam, die man von der Straße aus sah. H.-P. pflückte einige Beeren, als ein Kleingärtner zu schimpfen begann. Es war kein bedrohliches Schimpfen, oder gar ein Drohen mit einem Stock. Aber anstatt wie die anderen Jungs bis zu einer für den Abstieg geeigneten Stelle zu gehen, rannte er in wilder Flucht die Böschung hinunter. Er stolperte und überschlug sich mehrmals, Brombeerranken rissen seine Haut und Kleider auf, bis er mit einem dumpfen Schlag gegen den Kopf auf dem Asphalt aufschlug. Der Aufprall war so stark, dass er nicht mehr aufstehen konnte. Gerhard, eines der neun Kinder der Familie Schlump half ihm auf. Alle anderen rannten davon, ohne auf ihn zu achten. Mit starken Kopfschmerzen taumelte er ihnen hinterher. Kurz vor der Siedlung wurde eine neue Straße gebaut, und gerade an diesem Tag wurde sie geteert. Alle Kinder rannten in Richtung der Teermaschine, die einen schwarzen, dampfenden Streifen hinterließ. Wie gerne wäre auch er dorthin gerannt, aber er wusste, dass er eine ernste Verletzung hatte und ging alleine nach Hause.

Dort angekommen, übergab er sich mehrmals auf den Küchenboden und seine Eltern bemerkten, dass ihm etwas Schlimmes zugestoßen war.

Vater fuhr ihn erneut ins Krankhaus. Die Ärzte machten ernste Gesichter und meinten, dass es Chancen gäbe, dass er unbeschadet erwachsen werden könne. Aber ganz gesund würde er wohl nie werden, mindestens würde er ein Leben lang unter Kopfschmerzen zu leiden haben. Jedenfalls müsse er sehr lange hierbleiben, bis sein Schädelbasisbruch verheilt sei. Nach der Untersuchung wurde er in die Kinderabteilung gelegt. Den anderen Kindern im Zimmer wurde erklärt, dass er ein besonders schwerer Fall sei und dass sie sich dementsprechend zu verhalten hätten.

Anfänglich fühlte er sich im Krankenhaus einigermaßen wohl, endlich bekam er Aufmerksamkeit. Aber nach einiger Zeit begann er, seine Eltern zu vermissen, denn es waren jegliche Besuche verboten. Die Begründung war, dass die Kinder nach dem Besuch ihrer Eltern sie nicht wieder gehen lassen wollten. Die Lösung für dieses Problem war, dass die Eltern zwar ihre Kinder sehen konnten, aber nicht umgekehrt. Und dies wurde dadurch erreicht, dass die Fenster zum Gang verspiegelt waren. Die Besucher konnte durch die verspiegelten Scheiben in das Zimmer schauen, aber die Zimmerinsassen nicht hinaus. So bekam H.-P. während des langen Krankenhausaufenthaltes keinen einzigen Besuch.

Neben ihm lag ein etwas älterer Junge, der sich beide Beine verbrüht hatte. Aber er war gut gelaunt, obwohl zu sehen war, welche Schmerzen ihm das Wechseln der Verbände bereiteten. Auch die anderen Kinder jammerten oder beklagten sich nicht. Fast alle ertrugen ihr Schicksal still, aber niemand würde so lange wie er hier bleiben müssen.

Als die Heilung einsetzte, verlor das Krankenhauspersonal das Interesse an H.-P. Niemand fragte mehr nach seinem Befinden oder nahm sich gar Zeit für ein Gespräch. Nach und nach fiel er in eine noch tiefere Traurigkeit. Im Bett liegend warf er unablässig seinen Kopf von einer auf die andere Seite, was ihm einen gewissen Trost verschaffte und ihn von seiner ausweglosen Lage ablenkte. Aber das half nicht immer, und er weinte oft. Einmal bekam er einen nicht mehr enden wollenden Heulanfall. Die Krankenschwester wurde böse und schrie ihn an, aber es half nichts. Die Schwester hatte bald genug und schoben ihn samt Bett in eine Abstellkammer, in dem sie ihn stundenlang heulen ließ.

Am nächsten Tag bekam er ein Buch hingelegt, „Robinson Crusoe“. Später erfuhr er, dass es ein Geschenk seiner Mutter war. Er begann zu lesen und tauchte in die Geschichte ein. Er ging mit Crusoe und Freitag auf die einsame Insel und vergaß dann sogar seine Traurigkeit.

Eines Morgens kam nach dem Frühstück überraschend seine Mutter ins Zimmer. Ihr standen die Tränen in den Augen und sie sagte, dass sie dem Herrgott danke, dass er alles gut überstanden hätte und sie jetzt nach Hause gehen könnten. Nach dem Tod seiner Eltern fand er bei dessen Wohnungsauflösung einen Arztbericht von damals. Er war nur drei Wochen im Krankenhaus.

14 Schule

Am ersten Tag nach dem Krankenhausaufenthalt schien die Sonne. H.-P. durfte noch nicht nach draußen zu seinen Freunden gehen. Er stand auf dem Balkon und schaute auf die Wiese hinter dem Haus. Otto rief nach oben, dass er sich ja schön vor der Schule gedrückt hätte. Ohne zu antworten ging er zurück in die Wohnung.

Das letzte Schuljahr in der Grundschule war ohne ihn zu Ende gegangen. Da er ja solange gefehlt hatte, entschied die Lehrerin, dass er nicht auf die Realschule gehen könne. Otto, Dettmar und Hannes kamen in die Realschule und er sollte als einziger in die Volksschule am Frankfurter Berg eingeschult werden. Der Frankfurter Berg war eine verrufene Gegend mit hässlichen, waschbeton Hochhäusern. Er hatte sich nur einmal in diese Hochausschluchten gewagt. Ihm stellte sich ein kleiner Junge in den Weg und pöbelte ihn gleich an. Er ahnte, dass es nicht gut wäre, ihn zur Seite zu stoßen oder gar zu schlagen. Noch während seiner Überlegungen kamen zwei viel größerer Jungen aus einem Versteck und beschuldigten ihn in gebrochenem Deutsch mit polnischem Akzent, ihren kleinen Bruder verprügeln zu wollen. Er hatte das Spiel durchschaut und rechnete damit, nun zusammen geschlagen zu werden. Aber er war nicht in ihre Falle gegangen und hatte den Kleinen nicht angerührt. Enttäuscht mussten sie ihn gehen lassen.

Mit solchen Kindern hätte er zur Schule gehen sollen, um dort alles für das Leben zu lernen. Mit der Realschule verband er dagegen die Vorstellung, etwas von dem Wissen, das er an Hannes Vater so bewunderte, zu lernen. Er wollte lernen, wie Dinge funktionierten, die klaren Strukturen der Technik verstehen lernen. Mit Technik verband er die Vorstellung von Freiheit und Sicherheit.

H.-P. sah, dass sein Leben einen schlechten Verlauf nehmen würde, wenn er zur Volksschule gehen würde. Seine Mutter verstand ihn. Sie setzte sich mit Nachdruck bei der Klassenlehrerin für eine Versetzung in die Realschule ein. Es gelang ihr, sie zu überreden, und eine Empfehlung für die Realschule zu geben. Dieser Einsatz seiner Mutter war entscheidend für sein Leben.

Er war kein guter Schüler an der Realschule. Für ihn war nur wichtig, nicht in der Hauptschule zu sein. Nur in Musik bekam er eine Zeitlang bessere Noten.

Noch während er zur Volksschule ging, wurde eines Tages ein riesiges schwarzes Klavier in ihre Wohnung gebracht. Vorher stand es in einem Gasthaus in Sachsenhausen. Sein Vater konnte, ohne Noten lesen zu können, ein paar Stücke spielen, sobald er deren Melodie kannte. Mit der linken Hand suchte er sich dazu ein paar mehr oder weniger passende Begleittöne zusammen und spielte drauf los. Er hatte sich im Gasthaus ans Klavier gesetzt und gespielt. Der Wirt war im Begriff, die Wirtschaft aufzugeben und bot Vater das Klavier an. Ausschlaggebend für den Kauf war dann natürlich der günstige Preis.

Sein Vater merkte aber bald, dass er nur durch Herumprobieren nie über seine zwei, drei Standardstücke wie ‚Lustig ist das Zigeunerleben‘ oder ‚In München steht ein Hofbräuhaus‘ hinaus kommen würde. Obwohl er musikalisch war und ihm das Klavier Freude machte, wäre er niemals bereit gewesen, nochmal etwas Neues zu erlernen. Berührungen mit Schule und Lernen mied er peinlichst.

Auf der anderen Straßenseite war das Haus der Familie Heinemann. Frau Heinemann, die Klavierlehrerin war, gab ihm Unterricht. Ihr Haus war sehr groß, mit einem noch größeren Garten, der bis zur Bahnlinie ging. Wenn er zu ihr kam, musste er sich nicht gleich an das Klavier setzten, sondern wurde erst mal zum Spielen in den Garten geschickt. Alleine in einem so großen und schönen Garten zu sein war ein Genuss. Wenn er dann ausgiebig gerannt und geschaukelt hatte, ging er von selbst in das Wohnzimmer und der Unterricht begann. Er lernte schnell. Schon nach einem dreiviertel Jahr konnte er einfache Stücke, nach kurzer Übung, vom Blatt spielen. Wenn er nach der Schule und den Hausaufgaben übte, wurde oft aus Dettmars Wohnung laut an die Wand gepoltert. Dettmars Vater war Drucker und arbeitete nachts. Er musste daher am Tag schlafen. Von eins bis drei Uhr war Mittagsruhe. Auf den Spielplatz zwischen den Häusern zu gehen war während dieser Zeit verboten und erst recht Klavierspielen. Wenn die anderen Kinder ab fünfzehn Uhr nach draußen durften, übte er hastig seine zwei bis drei Stücke und stürmte nach draußen.

Nach einem Jahr verlangte Frau Heinemann 50 Pfennig mehr für die Übungsstunde. Sein Vater beschwerte sich lauthals über die Erhöhung bei ihr. Sie erklärte ihm, dass der Preis trotz der Erhöhung unter dem Durchschnitt läge. Das interessierte ihn nicht, für sein Empfinden war es zu teuer. Er beendete das Gespräch mit: „Dann ist halt Schluss mit dem Klavierunterricht“ und ging ohne sich zu verabschieden aus dem Haus. Gegen Vaters Urteil war H.-P. machtlos, aber immerhin konnte er ein wenig Klavier spielen und bekam wenigstens in Musik eine bessere Note als die anderen Kinder. Gleichzeitig wusste er, dass ihm durch den Geiz und der jähzornigen Reaktion seines Vaters wichtige Jahre des Musikunterrichtes verloren gingen. Die Klavierlehrerin und Onkel Heinrich meinten, dass er Talent und ein sehr gutes Gehör hätte. Neben Klavier konnte Heinrich noch Oboe und Gitarre spielen. Wenn er zu Besuch kam, spielte er auf dem schwarzen Klavier. Dann drang der Klang der Musik durch die Wohnung und weiter durch das ganze Haus bis hinaus auf die Straße. Alle die ihn hörten, schwiegen ehrfürchtig. Selbst wenn er einmal während der heiligen Mittagsruhe spielte, klingelte es nicht an der Tür und es wurde nicht, wie sonst üblich, an die Wand geklopft. Die Musik des Onkels hatte eine höhere Macht, der sich die kleinlichen, missgünstigen Nachbarn unterwarfen.

15 Ball der einsamen Herzen

Einmal durfte H.-P. während der Weihnachtsferien bei seinem Onkel Peter übernachten. Sein Vater mochte es nicht, wenn jemand aus der Familie außer Haus schlief. Deshalb freute er sich besonders über diese Ausnahme.

Onkel Peter hatte wieder eine neue Frau gefunden. Sie hieß Rosa und war das ganze Gegenteil von Marianne. Rosa trug eine Brille, hatte einen dicken Bauch und große Oberweite. Sie trug lange, altmodische Röcke, die mit einem Gummiband über ihrem Bauch zusammengehalten wurden. Sie kam aus einem Dorf in der Nähe von Aschaffenburg. Ihre Eltern waren Bauern mit eigenem Hof und Äckern. Sie fanden bald einen Bräutigam und Rosel heiratete mit achtzehn Jahren. Noch bevor sie 21 wurde, starb ihr Mann. Über die Todesursache wurde nicht gesprochen, es wurde erzählt, dass er ‚gesoffen' hätte. Im Dorf und in der Umgebung waren fast alle heiratsfähigen jungen Frauen unter der Haube. Einen neuen Mann zu finden war jetzt schwierig. Rosa wollte sich nicht mit ihrem Schicksal als Witwe abfinden. Sie hatte gehört, dass es in Frankfurt einen „Ball der einsamen Herzen" gäbe und beschloss, dort ihr Glück zu versuchen. Sie zog ihr Ausgehkleid an, kaufte sich eine Bahnfahrkarte und fuhr nach Frankfurt.

Auch Peter wollte nicht für immer alleine bleiben. Er sah gut aus und hatte auch Sinn für Humor. Trotzdem hatte er noch keine neue Frau gefunden. So ging er mit der Unterstützung seines Freundes Gottfried zum ‚Ball der einsamen Herzen' und traf Rosa. Peter forderte sie zum Tanz auf und gab ihr mehrere Biere aus. Der Abend zog sich in die Länge, Gottfried wurde es langweilig und er machte sich auf den Weg nach Hause. Bei der Verabschiedung tuschelte er Peter noch „viel Spaß heute Nacht" zu und ging. Gegen Mitternacht nahm Peter Rosa mit in seine Dachgeschoßwohnung. Am nächsten Tag vereinbarten sie ein Wiedersehen und Rosa fuhr zurück in ihr Dorf. Schon beim dritten Treffen sagte sie zu Peter, dass sie schwanger sei. Für Peter war es Ehrensache, eine Frau, die er geschwängert hatte, zu heiraten. Peter und Rosa heirateten 1965 und zogen in eine kleine Wohnung im Riederwald. Dort kam ihre Tochter Dagmar zur Welt.

In dieser Zeit übernachte H.-P. bei seinem Onkel. Rosa ging morgens aus dem Haus, sie hatte mehrere Putzstellen in verschiedenen Gaststätten. So hatte er den Onkel Peter und das Baby ganz alleine für sich. Tagsüber spazierten sie mit dem Kinderwagen durch die Arbeitersiedlung und gingen in den „Riederwald", der hinter der Siedlung lag. Die Riederwald-Siedlung mit ihren Backsteinhäusern, einem Bürgerhaus und einem eigenen Wäldchen hatte etwas von einer Insel. Das Leben dort schien einfach und harmonisch zu sein, Peter strahlte eine Zufriedenheit aus, wie jemand, der sein Ziel im Leben erreicht hatte. Abends legte er das Baby neben H.-P. auf die Couch bis es eingeschlafen war und morgens durfte er in sein Bett. Endlich einmal entkam er mal Vaters Gereiztheit, die jederzeit und unverhofft in Raserei mit lautstarkem Gebrüll umschlagen konnte. Hier war es friedlich und harmonisch.

Am nächsten Tag holten ihn seine Eltern mit dem Auto wieder ab. Er wäre gerne noch länger geblieben, aber sein Vater war, wie so oft, aus unerklärlichem Grund schlecht gelaunt. Nach einer Verlängerung zu fragen war aussichtslos. Beim Einsteigen ins Auto fragte sein Vater gespielt beiläufig, ob Peter Weihnachtspost bekommen habe. H.-P. bejahte, und sagte, dass er Mutters

Handschrift auf einer der auf der Fensterbank aufgereihten Weihnachtskarten erkannt hätte. Jetzt explodierte die Bombe: Sein Vater brüllte seine Frau an, er hätte genau gespürt, dass sie ihn hintergehen würde. Er war wieder mal mit seiner Schwester Frieda verkracht und hatte Mutter verboten, ihr und auch gleich allen anderen Verwandten Weihnachtskarten zu schreiben. Außerdem war das Porto wieder erhöht worden. Das war ein Grund mehr für seine Entscheidung seiner Frau die Weihnachtspost zu verbieten. Als sie im Auto fuhren, kochte seine Wut erneut hoch, er brüllte „und so lässt du dich auch ficken". Dabei schlug er mit beiden Fäusten mit voller Wucht auf das Lenkrad, so dass es zu zerbrechen drohte. Der Wagen geriet aus der Spur, zum Glück kam ihnen kein Auto entgegen und Vater lenkte zurück auf die rechte Fahrbahnseite. Mutter erwiderte ruhig und sachlich, dass das, war er da meinte, absolut nicht stimmen würde. Wenn er dabeibliebe, würde ein weiteres Zusammensein für sie in Frage stehen. Aber er war so wütend, dass er dies gar nicht zu hören schien und brüllte noch mehrmals „Und so lässt du dich auch ficken". Mutter weinte und dann kamen auch H.-P. die Tränen. Er sagte, wie schön und harmonisch es bei Onkel Peter gewesen war und dass es zuhause ständig Stress und Streit gebe und dass er eigentlich gar nicht mehr zurück nach Hause wollte. Sein Vater giftete ihn an: „Dann mach dich doch fort." Zu Hause angekommen schmiss er seine Familie samt Gepäck aus dem Auto, drehte ihnen den Rücken zu und sagte, dass er fortgehen würde. H.-P. stand auf dem Gehweg. Jetzt würde er seinen Vater verlieren. Während Mutter und Schwester nach oben gingen, stellte er sich ein Leben ohne Vater vor. Er sah die Zukunft ohne ihn wie einen Film an sich vorüberziehen: Er würde ein eigenes Leben führen, alleine sein können, wenn er es wollte und er würde die Klotür absperren können. Er sah auch, dass die Zeiten schwer sein würden. Er sah sich gegen Mutter auflehnen, und wie sie es nicht schaffte, mit mir fertig zu werden. Er sah, wie seine schulischen Leistungen abnehmen würden. Aber selbst, wenn er aufsässig, ungerecht und gemein gegen seine Mutter werden und nicht auf eine höhere Schule gehen würde, auch wenn er durch seine unangenehme Art Freunde verlöre, war es das Beste, dass sein Vater jetzt ging. Er fragte sich noch, ob er sie besuchen würde. Dass er seine Mutter wie eine Sklavin behandelte, musste aufhören. Dass er sich änderte, war ausgeschlossen. Es war nur Mutters Unterwürfigkeit und ihrem geschickten Einfühlungsvermögen zu verdanken, dass die heutige Szene nicht schon früher passiert war. Unter dieser latenten Bedrohung zu leben, war eine große Belastung. In diesem Moment spürte er, wie sehr sie ihm schon geschadet hatte. Er war ein ängstliches Kind, er konnte sich bei Freunden und in der Schule nicht richtig durchsetzen, er traute sich nichts zu und war ein mittelmäßiger Schüler. Dabei spürte er, dass mehr in ihm steckte. Der Abschied von seinem Vater war auch eine Chance. Vielleicht könnte er dann doch noch einmal richtig gut Klavier spielen lernen oder sogar aufs Gymnasium gehen. Dazu brauchte es aber jetzt einen richtigen Abschied, am liebsten hätte er seinen Vater noch einmal umarmt und ihm von seinen Gedanken erzählt. Traurig sagte er zu ihm ‚Auf Wiedersehn', aber der Vater blinzelte ihn wütend an: „Ich brauch dein Wiedersehn nett". Dann stieg er ohne ein weiteres Wort ins Auto, schlug die Tür zu und fuhr davon.

Mit hängenden Schultern ging H.-P. in die Wohnung. Dort war es totenstill, niemand sprach ein Wort. Seine Mutter verschwand im Schlafzimmer und er legte sich auf sein Bett. Es gab nichts mehr reden oder zu denken, er hatte in der kurzen Zeit auf dem Bürgersteig gedanklich alles durchgespielt. Er lag ausgestreckt mit offenen Augen auf seinem Bett und blickte an die Zimmerdecke. Er versuchte seine Fantasiefiguren im Muster der Zimmerdecke zu entdecken, aber er konnte sie nicht sehen. Etwa zwei Stunden später wurde ein Schlüssel in das Türschloss gesteckt. Der Schlüssel wurde umgedreht, der Riegel schob sich mit dem typischen Geräusch der Tür zur Seite und sein Vater kam wortlos herein. Er hatte eine Fahne und stierte vor sich hin. H.-P. stand in der Kinderzimmertür und schaute seinen Vater ungläubig an. Er mied seinen Blick und ging wortlos an ihm vorüber. Dann verschwand er im Bad und H.-P. ging zurück ins Kinderzimmer. Eine Weile lauschte er, aber alles blieb still. Am nächsten Tag sprachen seine Eltern nur das Notwendigste. H.-P. wartete darauf, dass der Streit von gestern angesprochen würde. Es musste doch darüber geredet werden. Der Zusammenhalt der Familie war auseinandergerissen worden und es musste doch geklärt werden, wie man jetzt weiter zusammen lebte. Aber nichts passierte, sein Vater stierte noch einen weiteren Tag vor sich hin. Tags drauf war alles wieder beim Alten. Vater ging arbeiten und Mutter machte den Haushalt, als ob nie etwas gewesen wäre.

16 Herbst

Mit der Zeit wurden H.-P. seine Eltern immer fremder und er mied sie immer häufiger. Er wusste nicht, worüber er mit ihnen reden sollte. Selbst wenn er hätte sagen können, was in ihm vorging, hätte er es ihnen gegenüber verschwiegen. Fragte man ihn etwas, beantwortete er die Frage, mehr nicht. Seine Mutter schaute ihn dann verständnislos an, fragte aber auch nicht weiter nach dem Grund seiner wortkargen Art. Außerdem achtete H.-P. darauf nicht zu weit zu gehen. Er blieb immer so unauffällig, dass seine Eltern nicht unruhig wurden und ihn am Ende mit Fragen bedrängt hätten. Von außen betrachtet konnte er seinen Eltern nichts vorzuwerfen, sie boten ihm ein Zuhause und sorgten für ihn und seine Schwester. Der Besuch bei Onkel Peter lag schon lange Zeit zurück und es gab niemandem, dem er sich hätte damit anvertrauen können. Ohnehin hätte sein Vater einen Tobsuchtanfall bekommen, wenn er nur versucht hätte mit ihm oder gar jemand anderen über seinen Wutanfall und die vermeintliche Trennung zu sprechen. Er blieb möglichst lange außerhalb der Wohnung im Freien. Zuhause wich er ihnen aus und bot so keinen Anlass für irgendeine Art der Auseinandersetzung. Sie wohnten zwar auf engstem Raum, aber H.-P. verlor den Kontakt zu den seinen Eltern.

Es war Herbst. Nun kam die Zeit, in der er eigentlich abends bei den Eltern in der Wohnung sein sollte. Es begann früh zu dämmern und die anderen Kinder auf der Straße gingen nach und nach in ihre Häuser. H.-P. blieb aber im Freien. Mit ihm blieb eine Gruppe von etwa sechs Jungen. Sie waren noch nicht erwachsen, aber auch keine Kinder mehr.

Die Bäume und Büsche hatten begonnen ihre Blätter zu verlieren. Die Passanten auf den Gehwegen tauchten schemenhaft aus dem milchigen Licht des Abendnebels auf, waren kurz zu erkennen, bevor sie wieder im Dunkel der anbrechenden Nacht verschwanden. Die Kinder suchten die Dunkelheit. Sie krochen unter Erdgeschoßbalkone, entdeckten unbeleuchtete Spielplätze, kletterten über Tore und Zäune und versteckten sich in dunklen Hinterhöfen. Es wurden zwei Gruppen gebildet. Die einen waren entflohene Sträflinge, die andere Polizisten, die die Ausbrecher wieder einfingen. H.-P. war am liebsten Ausbrecher und entdeckte immer neue Verstecke. Sie hockten tief in Gebüschen in dessen feuchten Laub. Sie lauschten aus den Verstecken den Gesprächen ihrer Verfolger, die ganz in ihrer Nähe berieten, wo die Ausbrecher stecken könnten. Wenn Otto und er der Rest einer versprengten Ausbrechergruppe waren, und sie in der Hocke, eng die Oberarme aneinandergepresst, im Gebüsch saßen, entstand ein Gefühl wie damals im Zelt.

Mit der Zeit wurde den anderen das Spiel langweilig. Sie fühlten sich vielleicht doch zu erwachsen, um Verstecken zu spielen. H.-P. wollte nicht nach Hause zu den Eltern. Als alle anderen gegangen waren, blieb er alleine auf der Straße. Er schlenderte durch die Siedlung und suchte weiter nach dunklen Ecken. So gelangte er zur Bahnlinie. Dort gab es keine Straßenlaternen, nur wenn ein Personenzug vorbei fuhr, fiel das Licht der beleuchteten Personenwagons auf den Trampelpfad oberhalb des Bahndamms. Er setzte sich in die Mitte der Böschung, und blickte in die Fenster der vorüber fahrenden Wagons. Für einen kurzen Moment sah er Fahrgäste in ihren Abteilen sitzen, sah sie Taschen und Koffer aus dem Gepäckfach über den Sitzen heben und wartend im Gang stehen. Er fühlte wie der Boden unter dem tonnenschweren Gewicht der Bahn bebte. Eisen, das von einer scheinbaren urgewaltigen Kraft angetrieben wurde, brachte die Erde unter ihm zum Zittern. Eine unaufhaltsame Masse Stahl strebte ihrem Ziel entgegen. Er erinnerte sich an den Selbstmord von Herrn Michalski. Er war wie jeden Tag früh morgens in grauem Anzug mit einer ledernen Aktentasche aus dem Haus gegangen. Anstatt geradeaus zur eineinhalb Kilometer entfernten Straßenbahnhaltestelle zu gehen, bog er in den Bahnweg ab. Dort warf er sich vor einen Zug.

Als H.-P. und die anderen Kinder zur Schule gingen, stand ein Leichenwagen auf dem Weg. Im Bahngraben stand ein Zinnsarg mit geöffnetem Deckel. Zwei Männer in langen, grauen Kitteln hoben etwas vom Boden auf und legten es hinein. Welchen Mut musste Herr Michalski aufgebracht haben, nach unten zu laufen und dem Tod ins Auge zu blicken. H.-P. fühlte den Sog, dem er sich ausgeliefert hatte. Eine übermenschliche Anziehungskraft musste Herrn Michalski auf die Gleise getrieben haben. Er spürte diese Kraft, der Zug war ein Magnet, kam man ihm zu nahe wurde man unweigerlich angezogen und zermalmt. Er rutschte weiter nach unten und kam dem Anziehungsbereich gefährlich nahe. Von weitem kamen lautlos die drei Lichter einer Lokomotive entgegen. Eine ganze Zeit blieb alles still und die Lokomotive schien auf der Stelle zu stehen. Aber sie strebe unaufhaltsam der Stelle entgegen, an der sich H.-P. befand. Die Schienen begannen zu surren. Mit jedem Meter den der Zug näher kam, fühlte er seine Anziehungskraft. Er wartete, bis die Lok auf der Geraden eingebogen war, dann rannte er los. Es waren höhere Kräfte am Werk, denen er sich nicht entziehen konnte. Er war Protagonist in einem Spiel, dem er absichtlich zu nahegekommen war und nun gezwungen war mitzuspielen. Noch auf der Böschung sitzend sah er sich über die Gleise rennen, das laute Hupen der Lok schreckte ihn aus seinem Traum auf. Mit einem gewaltigen Satz sprang er auf die andere Seite in ein Gebüsch und ließ den Zug donnernd an ihm vorüberfahren. Die Lichter des Personenwagens flackerten filmartig an ihm vorbei, während er mit klopfendem Herzen auf der anderen Seite der Gleise hockte. Dann waren die Gleise wieder frei und er hätte gefahrlos zurückgehen können. Aber wieder wartete er bis ein Zug kam. Diesmal aber nicht, bis er in wenigen Sekunden ankommen würde, sondern als der Zug den Bahnhof in sichererer Entfernung passierte, rannte er zurück auf die andere Seite.

Dann erst wurde ihm die Gefahr seines Spiels bewusst und er bekam Angst. Es reichte ihm, er hatte genug von diesem magischen Spiel. Er hatte die zermalmende Kraft der Züge gefühlt, er hatte ausprobiert, wie weit er gehen konnte. Das Spiel war aus.

Von nun an verbrachte er keinen Abend mehr bei den Eltern. Nach dem Abendessen ging er wieder nach draußen, egal bei welchem Wetter. Irgendjemand war immer da, entweder an der Ecke oder auf dem großen Spielplatz hinter den Garagen, wo es Bänke gab und sie nicht stehen oder auf einem kalten Stromverteilerkasten sitzen mussten. Mittlerweile kamen auch Mädchen dazu. Gretel, aus einem der unteren Blöcke, war eines Abends auch auf dem Spielplatz. Gretel war schmal, hatte einen kurzen Jungenhaarschnitt und schielte ein wenig. Sie ließ sich nicht durch die Schubsereien und dumme Sprüche der Jungen vertreiben. Sie saß auf der Lehne einer Parkbank und als die anderen nach Hause gingen, blieben plötzlich nur Gretel und H.-

P. zurück. Gretel saß unten auf der Sitzfläche, H.-P. oben auf der Lehne. Nach einigen Momenten des Schweigens blickte sie ihn spitzbübisch an. Bisher war sie ein Kind aus der Siedlung, heute war es anders. Ihr Blick war selbstbewusst und hatte etwas Freches. Auf der Bank saß ein junges Mädchen. H.-P. spürte sein Herz klopften und eine wohlige Wärme stieg in ihm auf. Langsam und gespielt zufällig setze er sich nach unten. Die Geräusche der Siedlung verstummten, es wurde still. Ein unsichtbarer Mantel hatte sich um das Paar gelegt. Ein Mantel, unter dem es gemütlich warm war und der sie unsichtbar zu machen schien. Er rückte näher an sie heran, sie wich ihm nicht aus. Dann legte er seinen Arm um ihre Schulter, und sie rückte noch ein winziges Stück näher heran. Das erste Mal im Leben berührte er ein Mädchen. Ohne Zeitgefühl saßen er auf der Bank, seinen Arm ruhte auf ihrer Schulter. Bis sie irgendwann sagte, dass sie nach Hause müsse, ihm einen kurzen Kuss gab und ging.

Es sollte vorerst bei dieser einen Begegnung bleiben. H.-P. verlor Gretel aus den Augen.

Erst Jahre später, als er schon nicht mehr bei den Eltern wohnte, begegnete er ihr in einer Diskothek in Darmstadt. Sie war mit einer Hippie-Clique gekommen und es stellte sich heraus, dass einer ihrer Freunde sein Nachbar und Freund war. Mockel und er waren mit seinem Motorrad da. H.-P. tanzte mit ihr, in den Pausen gingen sie nach draußen, Joints wurden herumgereicht und die Welt um ihn herum verschwamm im blauen Dunst des Joints. Mockel wurde es langweilig und er fuhr alleine zurück. Spät in der Nacht brachen die Hippies auf und nahmen ihn in ihrem VW-Bus mit. Während der Fahrt sagte Gretel, dass ihr Kopf verrücktspielen würde und schlimme Gedanken darin vorkämen und dass sie darüber oft sehr unglücklich sei. Er fragte nicht, welche Gedanken das waren und strich ihr tröstend über den Kopf, dann küssten sie sich. Als er mit seiner Hand unter ihr T-Shirt glitt, hielt der Bus und sie meinte, dass sie jetzt aussteigen müsse. Sie zog ihr Shirt nach unter, knöpfte ihre Hose zu, gab ihm einen letzten Kuss und stieg aus. Der VW-Bus fuhr wieder los und er schaute ihm traurig und verwirrt hinterher.

Zwei Monate später erfuhr er, dass sie gestorben war. Sie hatte sich an der Bahnlinie in Eschersheim vor einen Zug geworfen. An der gleichen Stelle, an der er vor Jahren über die Gleise gerannt war. Sie hatte wohl auch die Anziehungskraft der Eisenbahn gespürt. Für ihn war es damals ein gefährliches Spiel, Gretel hatte sich nicht damit zufrieden gegeben nur den Luftzug der Bahn zu spüren.

Kopfschüttelnd erzählte sein Vater, dass sich schon Gretels Vater so umgebracht hatte. Der Mann im grauen Anzug und der braunen Aktentasche war damals also ihr Vater.

Ein Jahr später traf H.-P. Gretels jüngeren Bruder Roger in der „Batschkapp". Er trug ein ausgefranstes Lederkombi und hatte einen Motorradhelm unter seinem Arm. Der abgetragene Lederanzug hatte etwas Verwegenes und erinnerte an die Musiker auf dem Cover von Led Zeppelin, auf dem im Hintergrund ein brennender Zeppelin zu Boden stürzte. Aber Roger war nicht verwegen. Er hatte einen fahrigen Blick und konnte ihm nicht in die Augen sehen. Er wollte ihn ansprechen, etwas über Gretel sagen, aber Roger setzte eine in der Hand haltende Bierflasche an und drehte sich trinkend weg. H.-P. hob kurz die Hand zum Gruß und ging, aus den Augenwinkeln lächelte Roger kurz zurück.

Dies war das letzte Mal, dass er ihn sah. Ein Jahr später warf Roger sich an der gleichen Stelle wie sein Vater und seine Schwester vor den Zug.

17 Lehre

Im letzten Schuljahr kam der Berufsberater des Arbeitsamtes in die Schule. H.-P. hatte nach einem Beruf gesucht, der Musik und Technik verband, und kam auf Tontechniker. Er stellte sich vor, wie er am Mischpult sitzen würde und die Musiker hinter den Mikrophonen ihm mit ihren Augen Zeichen geben würden. Dann würde er auch wieder anfangen, Klavier zu spielen. Mit diesen Gedanken ging er zum Berufsberater. Für ihn hatte man einen Abstellraum mit einem Tisch und zwei Stühlen bereitgestellt. Erwartungsvoll trat H.-P. ein. Gegenüber der Tür stand ein Mann mit dem Gesicht zur Wand. Er trug Knickerbocker mit Hosenträgern, Nacken und Schläfen waren kahl rasiert. Ein Moment stand er vor seinem Tisch und wusste nicht, wie er sich verhalten sollte. Dann drehte sich der Berufsberater um und blickte stumm auf einen Zettel auf seinem Tisch. „Deine Noten sind ja ziemlich schlecht. Was willst du werden?“ Verunsichert murmelte H.-P. ‚Tontechniker‘. „Wie berechnet man das Volumen eines Würfels?“ Verdattert versuchte er etwas zu sagen, hatte aber noch nicht mal die Aufgabe richtig verstanden. Der Berufsberater wartete nicht auf seine Antwort, sondern sagte, dass Tontechniker ja wohl nichts für ihn wäre. Er könne nicht mal eine so einfache Aufgabe lösen. Dann fuhr er fort, dass bei der Allgemeinen Elektrizitätsgesellschaft AEG Starkstromelektriker gesucht würden. Dazu würde es bei ihm noch reichen. Dann füllte er einen Zettel mit der Anschrift der AEG aus, drückte ihn H.-P. in die Hand und schickte ihn nach draußen.

Das Urteil des Berufsberaters war niederschmetternd. H.-P. musste wohl akzeptieren, dass er viel zu schlecht in Mathematik war. Das Bild des Tontechnikers wandelte sich, nun sah er sich vor hunderten Drehknöpfen und Schalten sitzen, von denen er nicht wusste, wie sie zu bedienen wären. Er würde sich fürchterlich blamieren, alles wäre verloren und man würde ihn wieder entlassen. Die Entscheidung war gefallen, er musste Starkstromelektriker werden.

Später erfuhr er, dass Dettmar und Hannes auch zur AEG gehen würden. Damit war endgültig klar, dass nichts anderes als die AEG in Frage kam.

H.-P. beendete die Realschule mit einer guten Drei im Durchschnitt.

Dann fuhren seine Eltern mit ihm in das Büro der AEG. Der Lehrherr, Herr Fütterer, war ein jovialer Mann, der redegewandt und selbstsicher mit seinen Eltern plauderte. Seine Eltern waren sofort überzeugt und unterschrieben den Lehrvertrag. Dann durfte noch er unterschreiben und sie fuhren wieder nach Hause.

Der erste Tag in der AEG war ein Schock. Er begann um 7 Uhr in der Metallwerkstatt, die am anderen Ende der Stadt lag. H.-P. musste um fünf Uhr aufstehen, was am ersten Tag wegen der Aufregung noch kein Problem war. Nach einer kurzen Begrüßung bekam jeder Lehrling ein backsteingroßes Stück Eisen überreicht. Ohne zu wissen, was einmal daraus werden sollte, mussten sie es erst mal ‚gerade' feilen. Um eine Seite ‚gerade' zu bekommen brauchte man mehrere Tage. H.-P. war klar, dass er das niemals dreieinhalb Jahre durchhalten würde.

Die Lehrlinge standen in Reih und Glied vor ihren Schraubstöcken mit Blick auf die durch eine Glaswand abgetrennte Meisterbude und feilten an ihren Eisenklötzen. Wenn H.-P. nach ewigem Feilen, wieder einen Blick auf die Uhr wagte, war es gerade mal 18 Minuten nach Sieben. Die Arbeit ging bis

Vier Uhr! Nach einigen Stunden feilen glaubte er, dass eine Seite nun gerade sei, und ging mit seinem Klotz in die Meisterbude. Mit einem Blick erkannte der Meister, Herr Görk, dass es noch so „krumm wie ein Hund" sei und schickte ihn wieder nach draußen. Das ging ein paar Tage so, bis ihm ein anderer Lehrling den Tipp gaben, es mal am Nachmittag zu versuchen. Um 12 Uhr war Mittagspause und sie gingen in die Kantine. Nebenbei bemerkt war das Essen abscheulich, was aber im Vergleich mit der Arbeit unwichtig war. Der Meister blieb während der Mittagspause in seiner Bude. Nach der Pause roch es dort anders und er wirkte deutlich entspannter. Wer nun sein Werkstück prüfen ließ hatte gute Chancen, dass wenigstens eine Seite gerade war und er an der nächsten weitermachen durfte. In der Pause kamen andere Meister in die Meisterbude zu einer Besprechung. Dazu tranken sie Bier oder auch mal einen Schnaps, den Herr Görk in seinem, mit einem dicken Vorhängeschloss abgesperrten Spint in der Ecke aufbewahrte. Von nun an, ließ H.-P. sein Werkstück nur an Nachmittag prüfen. Flächen, bei denen selbst er die Unebenheiten sah, wurden dann für gut bewertet.

H.-P. war dauerhaft übermüdet. Die Lehrwerkstatt war ein trostloser Anbau an der eigentlichen Werkshalle. Dort wurde wenigstens etwas hergestellt. Aber in der Lehrwerkstatt wurde ohne ein erkennbares Ziel zehntelmillimeterweise Stahl von einem Klotz herunter gefeilt. Außer arbeitsbezogenen Fragen waren Gespräche verboten. Draußen hörte man die Arbeiter hämmern, sägen, schweißen und sich unterhalten, aber hier ertönten nur die schabenden Geräusche der Feilen und das Klacken, wenn die Feile von dem müden Arm eines Lehrlings auf die Werkbank gelegt wurde. Wenn nach stundenlangem Stehen Beine und Füße so schmerzten, dass es nicht mehr auszuhalte war, ging H.-P. auf die Toilette. Dort stank es, die Klos waren verschissen und dreckig und es gab keine Deckel. Trotzdem schlief er unter dem Rauschen der Klospülungen ein.

Als ihn seine Mutter gegen Ende der ersten Woche um fünf Uhr weckte, konnte er einfach nicht aufstehen. Aber Mutter hatte ein eisernes Pflichtbewusstsein, wogegen er trotz aller Übermüdung und Verzweiflung nicht ankam. Sie rüttelte ihn aus dem Bett, schmierte ihm Brote, und wenn er vor Müdigkeit torkelte, half sie ihm selbst beim Anziehen und schob ihn aus dem Haus. Dank ihrer Hilfe überstand er das erste Lehrjahr in der Metallwerkstatt.

Das zweite Lehrjahr war im Stadtbüro, wo die Arbeit wenigsten erst um acht Uhr begann. Diese eine Stunde und der kürzere Weg waren die reinste Wohltat. Die Lehrlinge bekamen elektrische Schaltungen gezeigt, endlich lernte H.-P. etwas für seinen Beruf. Aber dort war er nur für kurze Zeit, denn bald wurden sie auf Baustellen geschickt, wo die Arbeit wieder um sieben Uhr begann. Lange Zeit arbeitete er auf der Baustelle des Frankfurter Commerzbank Hochhauses. Die Lehrlinge luden LKWs ab, holten Frühstück und reichten den Gesellen Werkzeuge.

Dem Meister gefiel seine Frisur nicht, er brüllte über den Hof, dass H.-P. doch endlich mal zum Frisör gehen solle, auf seinem Kopf sehe es ja aus, wie bei einem Bär um die Eier.

Die Hälfte seiner Lehrzeit war vorüber und wieder lernte er nichts. Es war schon etwas Besonderes, wenn sie Lampen aufhängen durften, anstatt nur die Löcher für deren Halterungen zu bohren. Aber sie anzuschließen oder gar den Schaltschrank zu verdrahten, war nur auserwählten Gesellen vorbehalten. Und die Gesellen hatten wenig Interesse, ihr privilegiertes Wissen an die Lehrlinge weiter zu geben.

18 Motorrad

Noch immer traf sich die Clique nach der Arbeit an der Straßenecke der Siedlung. An diesem Abend ging es, wie so oft, um die Arbeit bei der AEG. Man erzählte sich alte und neue Geschichten, wie die vom besoffenen Meister Görk, oder der Drecksarbeit im Commerzbank Hochhaus. Resümierend wurde H.-P. und Mockel klar, dass das erste Lehrjahr eine Züchtigung zum Brechen des Willens war, und sie danach einfach nur als billige Arbeitskräfte ausgenutzt wurden. Das ganze System war also Betrug. Sie gingen nicht in die AEG, um dort etwas zu lernen, sondern waren nur billige Arbeitskräfte. Das konnten sie nicht hinnehmen, etwas musste sich ändern. Aber was konnten sie tun? Die Situation war ausweglos und mehr als die anderen Lehrlinge von ihren Erkenntnissen zu überzeugen schien nicht möglich zu sein.

Zu dieser Zeit wurde H.-P. 18 und sein Vater kaufte ihm ein Motorrad. Eine neue, gerade auf den Markt gekommene, 250-ziger Suzuki. Das Motorradfahren war eine Befreiung. Der lange Arbeitstag wurde durch kurze Fahrtzeiten erträglicher. Die Abende mussten sie nicht mehr an der Ecke stehend verbringen, sondern konnten zu anderen Treffpunkten oder Kneipen fahren. Wenn H.-P. auf seiner Maschine saß, überkam ihn ein unbändiges Gefühl von Freiheit.

An einem heißen Sommernachmittag fuhr er nach der Arbeit einen Umweg über eine Landstraße außerhalb Frankfurts. Im Rückspiegel sah er, dass er von einem anderen Motorrad verfolgt wurde. H.-P. gab Gas, aber sein Verfolger blieb hinter ihm. Nach einer Kurve war er kurz verschwunden, tauchte aber auf der Geraden wieder auf. Das bedeutete, dass sein Verfolger ein schlechter Fahrer war, der nur geradeaus schnell fahren konnte. Aber er hatte das größere und schnellere Motorrad. Es war eine fünfhunderter Kawasaki. Es war bekannt, dass sie einen sehr starken Motor hatte, aber ein umso schlechteres Fahrwerk. Aber die Kawasaki schaffte es trotzdem nicht, ihn zu überholen. Dann endete die Landstraße und es ging auf die Autobahn. Nun war klar, dass H.-P. hier das Rennen verlieren würde. Er blickte in den Rückspiegel und hob zum Gruß die Hand. Dann raste die Kawasaki laut röhrend auf der Überholspur an ihm vorbei. Der Fahrer hatte doch tatsächlich nur eine Badehose und Turnschuhe an, aber er trug einen Helm. Rasch entfernte sich die Maschine und bog in eine vor ihnen liegende, langgezogene Autobahnkurve. Dann begann die Kawasaki zu schaukeln. Das Fahrwerk verwand sich unter der Kraft des Motors und das Hinterrad brach aus der Spur. Es sah aus, als ob die Maschine seinen Fahrer abwerfen wollte, ähnlich einem Rodeo-Pferd. Das Wedeln des Hinterrades wurde immer stärker bis der Fahrer abgeworfen wurde und Mann und Maschine mit etwa 180 KMH über den Asphalt schlitterten. Als H.-P. hinter der Kurve ankam, lag das Motorrad auf dem Seitenstreifen. Der Fahrer war bereits wieder auf den Beinen und versuchte vergeblich sein Motorrad aufzurichten. H.-P. hielt an und stellte die Kawasaki wieder auf ihre Räder. Die Beine des Fahrers zitterten, sein Oberkörper und Arme waren krebsrot. Die erste Hautschicht war komplett abgeschliffen. Dafür blutete er nur schwach. Er lobte das Fahrerisches Können von H.-P. und begann über die Vor- und Nachteile der beiden Maschinen zu reden. H.-P. unterbrach ihn nur ungerne, aber seine Wunden fingen jetzt an stärker zu bluten und es war an der Zeit, ihn zu einem Arzt zu bringen. Die nächste Arztpraxis war in der Nähe seiner Wohnung. Er kannte eine Lücke in der Leitplanke, von der aus man direkt dorthin gelangte, ohne den Umweg über die nächste Ausfahrt nehmen zu müssen. Er nahm den Kawasaki Fahrer auf den Rücksitz und fuhr zum Arzt. Als sie dort ankamen, war die Praxis geschlossen. Die Wunden bluteten immer stärker und der Verletzte konnte sich kaum noch auf den Beinen halten. H.-P. fuhr so schnell wie möglich in das nächste Krankenhaus. Während der Fahrt kippte sein Sozius immer wieder zur Seite und er musste ihn mit einem Arm nach hinten greifend stützen. Als sie das Krankenhaus erreichten konnte sich der Beifahrer nicht mehr auf seinen Beinen halten und sackte in sich zusammen. H.-P. brachte ihn unter dem Arm tragend ins Haus. Eine Krankenschwester nahmen ihn entgegen und legten ihn auf eine fahrbare Trage.

H.-P. wollte noch nach seinem Namen fragen, aber er war schon nicht mehr ansprechbar.

Zu Hause fragte seine Mutter entsetzt, was er denn gemacht hätte, der ganze Rücken seiner Lederjacke sei ja voller Blut.

Um nach seiner Maschine zu schauen, fuhr er den Autobahnabschnitt noch mal ab. Die Kawasaki war verschwunden.

H.-P. hatte den Fahrer in ein Krankenhaus gebracht und jemand, vielleicht seine Eltern oder Freunde, hatten sein Motorrad abgeholt. Damit war die Sache erledigt, mehr gab es für ihn nicht zu tun. Mit den Folgen seiner Dummheit, in Badehose motorradzufahren, musste er selbst klarkommen. Dass er mehr als 50% Haut verloren haben könnte, und über das, was das bedeute, machte er sich keine Gedanken. Für ihn würde er wieder gesundwerden und nach dieser Lektion nie wieder ohne Ledermontur Motorrad fahren.

19 Schuld

Dettmar wollte auch gerne ein schnelles Motorrad haben. Er sagte H.-P., dass er sich eine 250-ziger Yamaha wünschte. Die Yamaha war etwas schneller als die Suzuki und H.-P. malte sich aus, wie Dettmar auf der Autobahn an ihm vorbeiziehen würde. Aber seine Eltern waren dagegen, Motorradfahren sei zu gefährlich.

H.-P. fuhr, wie alle anderen auch, in der Tat viel zu schnell. Die Straßen waren die reinsten Rennstrecken. Zu dieser Zeit wurde die Stadt gerade autogerecht gestaltet. Auf der Eschersheimer Landstraße wurden die hohen Alleebäume gefällt und die Vorgärten der Stadthäuser zubetoniert. Dann wurde die Straße vierspurig ausgebaut, sodass nur noch ein schmaler Gehweg entlang der Häuserwände übrigblieb. Bei aller Begeisterung für das Motorradfahren fahren staunte H.-P., mit welcher Rücksichtslosigkeit die einst schöne Allee zu einer Rennstrecke umgebaut wurde. Aber er konnte dort zeigen, was in seinem Motorrad steckte. Es wurde eine moderne Ampelschaltung mit einer grünen Welle bei 60 km/h eingerichtet. Wenn er schnell genug fuhr, konnte er die Welle überspringen. Er kannte die Ampeln genau, wenn er ab Hügelstraße Gas gab und schneller als 120 km/h fuhr, musste er nicht am Dornbusch anhalten. Ihm war das Risiko schon bewusst, aber der Reiz der autobahnähnlich ausgebauten Eschersheimer Landstraße war größer.

Er hatte schon mehrere Unfälle, verletzte sich aber nie ernstlich. Einmal fuhr er bei Grün über eine Kreuzung. Im Augenwinkel sah er noch einen Schatten auf ihn zukommen. Den Bruchteil einer Sekunde später flog er meterweit durch die Luft und landete auf einem Bürgersteig. Er stand wieder auf und humpelte in

Richtung seiner Maschine. Aber sein Fuß wollte nicht mitmachen, er knickte um und musste sich setzen. Der Fuß war gebrochen. Für ihn war es eine harmlose Verletzung. Ein Autofahrer hatte sein Rotlicht übersehen und ihn ungebremst von der Seite gerammt. Passanten hatten den Unfall beobachtet und bereits einen Krankenwagen verständigt.

Um Dettmars Motorradwunsch wurde es still. Eines Tages hatte er ein Auto, welches ihm seine Eltern bezahlt hatten. Zum Ausgleich musste er sie zu Einkäufen oder zu Verwandten fahren, denn die Eltern besaßen kein Fahrzeug.

An Ostern schlug Dettmar vor, mit seinem Auto nach Paris zu fahren. Mit 12 Jahren waren H.-P. zum Schüleraustausch in Frankreich gewesen. Er hatte in einem Landgasthof mit Hotel gewohnt. Dort hatte er die französische Küche und kultiviertes Essen kennen gelernt. Während es zuhause darum ging, möglichst schnell satt zu werden, nahm man sich dort Zeit zum Essen. An besonderen Tagen gab es mehrere Gänge, zwischen denen ausgiebig Zeit zum Trinken und Unterhalten war. Die Erwachsenen genossen in aller Ruhe ihren Wein und sogar die Kinder bekamen zum Mittagessen in der Schule Wein zu trinken. Sein Französisch reichte für eine gute Verständigung und er stimmte dem Vorschlag freudig zu.

Mockel war auch dabei. Es kamen noch Harald und Gerhard hinzu. Zu fünft in Dettmars, doch recht kleinem Auto, würde es sehr eng werden. H.-P. überlegte, mit seinem Motorrad zu fahren. Da sie nur das Wochenende hatten und sie gleich nach Feierabend starten wollten, meinte Mockel, dass es besser wäre mit dem Auto zu fahren. Mockel lud noch Olaf, der vor ein paar

Monaten abends an der Ecke aufgetaucht war ein. Olaf besaß ein Auto und so waren genügend Plätze vorhanden.

Sie starteten Donnerstagabend. H.-P. fuhr mit Harald und Gerhard in Dettmars Wagen. Dettmar hatte bei einem Gebrauchtwagenhändler einen Renault gekauft. Äußerlich sah das Auto recht gut aus. Der Händler hatte ihn wohl neu lackiert, auch der Motor schien in Ordnung zu sein. Aber das Auto ließ sich nur schwer lenken, es reagierte mit einer kleinen Verzögerung.

Hinter Straßburg war Dettmar müde und überließ H.-P. den Fahrersitz. Die beiden Mitfahrer hatten noch keinen Führerschein. Es war das erste Mal, dass er ihn mit seinem Auto fahren ließ. Dettmar verlieh nur ungern etwas, darin war er sehr eigen. Deshalb freute H.-P. sich, als er das Steuer übernehmen konnte.

Plötzlich bog Olaf im vorausfahrenden Auto spät in eine Ausfahrt ein. Harald schrie hinter H.-P. ‚Abbiegen' und er lenkte scharf nach rechts. Dettmar war eingeschlafen und wurde durch Haralds Ruf geweckt. Das Auto reagierte nicht augenblicklich und H.-P. lenkte nach. Im gleichen Moment reagierte es aber auf den ersten Lenkbefehl und nun nahmen sie Kurs auf die rechte Leitplanke. Wieder riss er das Lenkrad herum und sie schossen auf die linke Leitplanke zu. Auf dieses scharfe Lenkmanöver hatte der Renault aber ohne Verzögerung reagiert. Für eine weitere Korrektur war es zu spät und sie rasten in die Leitplanke. Das Auto prallte gegen die Leitplanke und wurden wieder zurück auf die Fahrbahn gelenkte. Dort kam es zum Stehen. Die Türen ließen sich mit ein wenig Gewalt öffnen und sie stiegen aus.

H.-P. brachte kein Wort hervor. Die ganze linke Seite war ramponiert und an der Stelle des linken Scheinwerfers befand sich ein Knäuel ineinander geschobener Bleche. Dettmar sagte auch kein Wort. Harald meinte, dass alles doch nicht so schlimm sei und das Auto wahrscheinlich noch fahrbereit sei. Sie mussten hier weg und stiegen wieder ein. Die Türen ließen sich zum Glück schließen. Als der Motor ansprang, jubelte Harald, was H.-P. unpassend fand, denn er hatte Dettmars Auto einen schlimmen Schaden zugefügt und wusste in diesem Moment nicht, wie er ihn wieder gut machen könnte.

H.-P. war die Situation sehr unangenehm. Nach einem Fahrversuch beschlossen die Anderen weiter nach Paris zu fahren. Er aber wollte nicht weiter dabei sein. Er wollte weg von hier, weg von Dettmar mit seinem Auto, welches er kaputtgefahren hatte. Er sagte, dass er mit dem Zug zurück nach Frankfurt fahren würde und dann mit dem Auto seines Vaters nach Paris nachkommen würde. Niemand fragte, warum er denn nicht einfach wieder einsteigen würde und sie gemeinsam weiter fuhren.

Olaf brachte H.-P. zum nächsten Bahnhof. Zehn Stunden später war er wieder in Frankfurt. In der Küche seiner Eltern erzählte er, was vorgefallen war. Als der Druck einen Moment von ihm wich, heulte er los. Es war das letzte Mal im Leben, dass er vor seinen Eltern wie ein Kind weinte. Er fuhr nicht nach Paris zurück.

Nach Ostern kamen Dettmar und die Anderen aus Paris. Sie erzählten, wie Harald Passanten auf der Straße mit ‚He du Arschloch' angesprochen hätte und sich dann laut lachend darüber gefreut hatte, dass sie die Angesprochenen nicht verstanden. Auf dem Champs-Élysées hätte er mitten auf dem Bürgersteig seine Hose heruntergelassen und den Parisern seinen Arsch gezeigt.

H.-P. war froh, nicht dabei gewesen zu sein. Aber trotzdem war er wieder der Außenseiter, an dem, wie damals im Krankenhaus, das Leben vorüberging.

Dettmar präsentierte ihm die Rechnung seines Renaults: 1800 D-Mark. Es sei ja wohl klar, dass er ein neues Auto bräuchte. Das alte sei unbrauchbar, denn er hatte es ja zu Schrott gefahren. Er könne sich überlegen, wie er die 1800 Mark zurückzahlen würde. Dettmar wäre jedenfalls mit einer monatlichen Rate von 200 D-Mark einverstanden.

200 Mark waren die Hälfte seines Lehrlingsgehaltes. Er war unfähig zu sagen, dass ja alle im Auto saßen und der Unfall genauso Dettmar, wie ihm passiert wäre. Dettmar hatte einen Unfallwagen mit defekter Lenkung gekauft und darin lag die eigentliche Unfallursache. Aber er behielt seine Gedanken für sich. Er war wieder der schwache H.-P., der Dettmar eine Schuld zugefügt hatte und nun begleichen musste. Er willigte in die Ratenzahlung wortlos ein.

Immer, wenn er Dettmar sah, wurde er an seine Schuld erinnert. Nicht nur am Monatsende, wenn Dettmar ihn dezent an die nächste Zahlung erinnerte. Der Zustand war unerträglich, die ganze Sache war falsch. Er hatte nicht alleine Schuld an dem Unfall. Aber er war nicht in der Lage, dies auszudrücken und eine für beide Seiten tragbare Lösung vorzuschlagen. Er wünschte, dass diese unangenehme Geschichte nur ein böser Traum gewesen sei. Doch dann begegnete er Dettmar wieder und musste einsehen, dass alles Realität war. Immer wieder kreiste in seinem Kopf der Gedanke, dass die Sache zu einem Ende kommen müsse. Ein Ende, bei dem er nicht sein Auto komplett abbezahlten müsste. Mit der Zeit entwickelte sich der Gedanke an Dettmars Verschwinden so weit, dass er in unbewussten Momenten glaube, Dettmar sei wirklich verschwunden. Aber wie sollte das gehen? Wie sollte es zu eine von außen herbeigeführte Lösung kommen? Er hatte keine Idee.

Wenn er aus seinem Gedankennebel erwachte, wusste er sehr wohl, dass Dettmar nebenan, nur durch eine dünne Mauer getrennt, in der Wohnung seiner Eltern war und sich ihm am Monatsende wieder in den Weg stellen würde.

20 Drittes Lehrjahr

Die Monate vergingen und sie waren mittlerweile im dritten Lehrjahr. H.-P. verlor Dettmar immer mehr aus den Augen, auch auf der Arbeit war er kaum zu sehen. Er wusste nicht mal, auf welcher Baustelle er gerade war. H.-P. war im Stadtbüro, wo es kaum etwas zu tun gab und sie über Stunden sich selbst überlassen blieben. Offiziell sollten sie sich auf die Gesellenprüfung vorbereiten. H.-P. probierte auch mal eine elektrische Schaltung oder Motorsteuerung aus. In einem Lehrbuch zu lesen war durch die von anderen Lehrlingen verursachten Ablenkungen kaum möglich. Sie stellten alle möglichen Gegenstände unter Strom, wenn jemand dann zufällig etwas anfasste, was unter Strom stand, bekam er einen Schlag und es wurde laut gelacht. Cappy, ein kindlicher, unbeholfener und kleiner Lehrling, wurde besonders oft attackiert. Einmal drängten ihn zwei große und starke Lehrlinge in eine Ecke der Werkstatt. Dann schoben sie zwei Spinte als Sichtblende davor, banden ihn fest und legten zum Spaß 220 Volt Leitungen an. Als die Leitungen ihn berührten, drang aus der Ecke ein greller Schrei. Panische Angst verlieh ihm unnatürliche Kräfte mit denen er seine Fesseln löste. Verstört kam er aus der Ecke gestürmt und verschwand aus der Werkstatt.

Ein anderer Lehrling ging in die Tiefgarage und schraubte Nummernschilder von geparkten Autos ab. Mit einer Blechschere schnitt er die Zulassungs- und TüV-Stempel heraus. Dann pulte er sie mit einer Rasierklinge ab. Tags drauf kam er mit seinem Motorrad zur Arbeit. Auf dem Nummernschild klebten die ausgefransten Zulassungs- und TüV-Stempel vom Vortag.

Es wurde viel geredet. Mockel und H.-P. erklärten, dass sie in den vergangenen drei Jahren so gut wie nichts gelernt hatten und eigentlich nur als billige Arbeitskräfte ausgebeutet wurden. Betschel, einer der Lehrlinge, hörte den beiden besonders aufmerksam zu und betonte, wie richtig sie doch die Sache durchschaut hätten. Er lud sie ein, am Abend zur Sozialistischen Arbeiter Gemeinschaft (SAG) zu kommen, dort würden sie erfahren, wie das ganze System der Ausbeutung wirklich funktionierte. Die SAG war eine der vielen damaligen kommunistischen Gruppierungen in Frankfurt. Die meisten Mitglieder waren Studenten, die für die Arbeiter und Bauern die Revolution planten. Sie hatten ein großes Interesse, zwei echte Arbeiter wie H.-P. und Mockel aufzunehmen und sie in den Dienst ihrer Revolutionsidee zu stellen. Die SAG hatte im Nordend ein Büro, dort sollten sie hinkommen. „Besser als an der Ecke auf dem Stromkasten zu sitzen. Hauptsache raus aus der Siedlung. Vielleicht wären ja ein paar interessante Frauen da", dachte H.-P.

Am Abend fuhren sie ins Nordend in eine winzige Gasse mit hohen Altbauhäusern. Durch den Eingang eines der Häuser kamen sie in einen dunklen Hinterhof. Dort stand eng von anderen Häusern umringt ein einstöckiges Hinterhaus, indem das Büro der SAG war. Drinnen waren junge Männer mit langen Haaren und Bärten, aber keine einzige Frau. Die Einrichtung bestand aus einem großen Tisch mit Stühlen, in einer Ecke war sich ein Schreibtisch mit einer Schreibmaschine. H.-P. wollte gleich erzählten, was das heute wieder für ein mieser Tag bei der AEG war, wurde aber unterbrochen. Mit erhobenen Finger vor dem Mund stand einer der SAGler auf, schloss die Fenster und zog die Vorhänge zu. Jetzt seien sie sicher, dass sie nicht abgehört würden.

Betschel stellte seinen Bruder vor. Er würde sie mal richtig über das System der Ausbeutung informieren. Dann hielt er einen nicht mehr enden wollenden Vortrag über das „Kapital“ von Karl Marx. Er machte viele Pausen, in denen er über seine Worte nachsann. Dann wiederholte er sie, manchmal auch mehrmals, bis er sie für gut befand. H.-P. langweilte sich zu Tode. Eigentlich war er in der stillen Hoffnung hierhergekommen, eine Frau kennenzulernen. Nun hörte er sich gezwungenermaßen ein unverständliches Kauderwelsch über die Mehrwert-Theorie von Karl Marx an. Als Betschels Bruder nach über einer Stunde endete tat er so, als ob er alles verstanden hätte, dass nur ja keine weiteren Fragen aufkamen. Eine viertel Stunde später saß er endlich wieder auf seinem Motorrad und brauste nach Hause.

Noch immer hatte H.-P. keine Freundin. Die Ungeduld war kaum noch zu ertragen. Seine erste größere Chance hatte ihm Dettmar genommen. Sie waren auf einer Gartenparty und er hatte es geschafft, neben einer Frau auf der Wiese zu liegen. Er flirtete mit ihr und bald küssten sie sich. Irgendwann später war sie aufgestanden. Er wartete auf der Wiese, aber sie kam nicht zurück. Auch Dettmar war, ohne dass er es bemerkt hatte, verschwunden. Er saß im Gras, als sie nach 20 Minuten nicht mehr auftauchte, ging er enttäuscht nach Hause. Tags drauf erzählte ihm Mockel, was am Abend hinter seinem Rücken passiert war. Dettmar war ihr zur Toilette gefolgt und hatte sich dort offensichtlich mit ihr vergnügt. H.-P. konnte kaum glauben, dass Dettmar das getan hatte und wünschte, dass er aus seinem Leben verschwinden möge. Er fragte sich, was er gemacht hätte, wenn er es bemerkt hätte. Otto hätte bestimmt nicht lange nachdenken müssen, er hätte Dettmar gefunden und ihm mit einem Schlag ins Gesicht beigebracht, dass man so etwas unter

Freunden nicht macht. Aber H.-P. musste die Geschichte vergessen und ging Dettmar aus dem Weg.

Jetzt nahm er sich fest vor, dass ihm das kein zweites Mal passieren würde. Im gleichen Jahr wurde einer der ersten Karatevereine in Frankfurt gegründet. Das war die Gelegenheit nie mehr unterlegen sein zu müssen Wer Karate konnte, war unbesiegbar. So wurde es jedenfalls in den Karate-Filmen der 70-ziger Jahre gezeigt. Mit den Kinobildern im Kopf meldete er sich im Verein an. Die ersten Trainingsstunden waren ernüchternd, denn sie waren furchtbar anstrengend. Anstatt sagenumwobene Geheimtechniken, mit denen man unangreifbar wurde, zu lernen, machten sie unglaublich anstrengende Gymnastik. Laufen, Liegestütze auf den Fäusten, Sit-Ups, und das Ganze über eine Stunde lang. Er wusste nicht, was der Sinn dieser Anstrengungen sein sollte. Im Sportunterricht hatte er nicht gelernt, dass man durch Anstrengungen, Kraft und Ausdauer bekommt und dass die Übungen mit der Zeit weniger anstrengend werden. Das Ganze war kein Vergnügen, die Kinobilder eine Täuschung. Dieses Karate war eine körperliche Qual. Eigentlich ein Grund aufzuhören, aber er blieb. So wie seine Mutter nichts in Frage stellte und einfach immer zäh weitermachte, quälte auch er sich von Stunde zu Stunde ins Training. Irgendwann bemerkte er, dass die Übungen leichter wurden. Er wurde beweglicher und vor allen Dingen schneller. Das erste Mal im Leben lernte er seinen Körper richtig zu bewegen. Wie schlecht war dagegen der Sportunterricht in der Schule gewesen. Nach einigen Wochen konnte er die ersten Tritte und Schläge. Mit der Zeit wurden sie immer präziser und schneller und es begann Spaß zu machen. Karate war Sport, der seinem Körper und seinem Kopf guttat. Er erzählte seiner Mutter, dass er nun für immer Karate machen würde. Sie freute sich über seine Begeisterung, meinte aber, dass er dies heute doch noch nicht wissen könne. Er sollte Recht behalten.

Seit dem Besuch im SAG-Büro waren H.-P. und Mockel automatisch Mitglieder der SAG. Jedenfalls soweit, dass sie in besetzte Häuser und zu den dort stattfindenden Festen eingeladen wurden. Das Leben dort und die Feste waren allerdings alles andere als trockene marxistische Theorie! Dort war das echte, das wilde Leben! Hier gab es keine kleinliche Konkurrenz wie in der Siedlung der Eltern. Wer dort war, gehörte dazu und dieses Zugehörigkeitsgefühl genoss er in vollen Zügen.

Am einem Wochenende gingen sie wieder zu einer Fete in eine Wohngemeinschaft. Dort hörte er das erste Mal Musik von „Ton, Steine, Scherben". Ihre Lieder erzeugten ein unglaubliches starkes Lebensgefühl. Die Welt war für sie da, sie musste sie sich nur nehmen. Als er vom Tanzen zurück in den Flur kam, saß dort eine bildhübsche Frau auf einem Schränkchen. Er sah sie an und vergaß alle Furcht und Unsicherheit. Er zwängte sich neben sie und legte seinen Arm um ihre Schulter. Sie war zierlich, ihr Gesicht war von makelloser Schönheit. Sie hieß Dagmar und machte eine Lehre als Kosmetikerin. Sie hatte eine gepflegte Frisur und war modisch gekleidet, was eigentlich nicht richtig in die Szene passte. Den anderen und ihm bedeuteten Kleider nichts, man zog sie halt an, um nicht zu frieren. Und man zog sie bei jeder sich bietenden Gelegenheit aus. Wo auch immer es möglich war, wurde nackt gebadet.

Dagmars Gesicht und Hände waren zart, beinahe zerbrechlich. Vorsichtig hielt er sie in den Armen. Um mit ihr alleine sein zu können, fragte er, ob sie eine Runde auf seinem Motorrad um den Block fahren wollten. Sie nickte, er besorgte einen zweiten Helm und sie fuhren los. Ziellos fuhr er durch die Nacht bis sie auf die Straße entlang der hohen Mauer um den Hauptfriedhof kamen. Am Haupteingang war ein von Bäumen umringter Parkplatz. Dort bog er ein und stoppte auf dem menschenleeren Platz. Es war dunkel und still. Sie stiegen ab, legten ihre Helme auf die Sitzbank und küssten sich.

Als sie die Kälte der März-Nacht spürten, fuhren sie zurück auf das Fest. Sie blieben bis zum Ende. Als alle Gäste gegangen waren, lud sie eine Bewohnerin ein, im Wohnzimmer zu schlafen. Ein herrliches Angebot, denn um nichts in der Welt wollte er jetzt ohne Dagmar nach Hause fahren. Sie nahmen sich zwei Sofakissen und legten sich auf den Boden. Nach dem Partylärm war es jetzt still, draußen hörte man die erste Straßenbahn quietschend um die Ecke fahren. Der Morgen begann zu dämmern. H.-P. war so wach wie nach stundenlangem und erholsamen Schlaf. Aus der Dunkelheit des Raums ertönten die Geräusche anderer Paare. H.-P. und Dagmar küssten sich unendlich lange, bevor sie sich auszogen.

Hinter den zugezogenen Vorhängen lugte die Morgensonne in das Zimmer. Auf der anderen Seite des Raumes lag ein schlafendes Paar eng umschlungen auf einer Matratze. Neben ihm schlief Dagmar. Er lauschte ihrem ruhigen, kaum hörbaren Atem. Er wollte die kostbare Zeit nicht mit Schlafen vergeuden. In der Ecke des Raumes stand die Stereo-Anlage, auf dem Schalplattenspieler drehte sich lautlos eine Langspielplatte, über ihr schwebte der Tonabnehmerarm. Vorsichtig stand er auf, legte den Tonabnehmer in die Gabel. Dann spähte er hinter den Vorhang auf die Straße. Dort standen schöne Altbauhäuser mit

Vorgärten. Die Straße war menschenleer. Die Bürger lagen schlafend in ihren Wohnungen. Weit entfernt läuteten Kirchenglocken. Als er sich wieder zurück in das Zimmer wandte, saß Dagmar auf dem Boden und streckte ihm ihre Arme entgegen. Noch einmal küssten sie sich, dann zogen sie sich an und gingen leise aus dem Haus.

Von nun an verbrachte er die Abende mit Dagmar. Dagmar kam aus Fechenheim, sie lebte mit ihren Eltern in unmittelbarer Nähe der großen Chemiefabrik Cassella. Er lieh sich Vaters Auto, holte sie bei ihren Eltern ab und fuhr mit ihr an die Backsteinmauer des Cassella-Geländes. Dort verbrachten sie den Abend im Auto. Gerne hätte er sie mit nach Hause genommen. Sein Vater hatte aber etwas gegen Gäste, sie störten ihn. Deshalb verbrachte er die Abende lieber im Auto.

Ohne Dagmar war die Welt kalt und rau. Die Baustelle, sein Elternhaus, die Clique an der Ecke, alles war hart, kalt und ungemütlich. Nur die Stunden mit ihr waren lebenswert.

Wenn sie spät in der Nacht aus dem Auto stieg, wollte er sie festgehalten und nicht mehr loslassen.

Das ging so einige Wochen, sie konnten sich nicht immer nur im Auto treffen. Heute würde er ihr vorschlagen, doch einmal zu seinen Eltern zu gehen. Danach könnten sie ja noch in eine Musikkneipe fahren. Als er ihr den Vorschlag machte, schwieg sie ohne ihn anzusehen. Dann fasste sie sich, blickte ihn an und sagte, dass sie nicht mehr mit ihm zusammen sein wollte. Sie konnte nicht sagen, warum das so war. Sie war sich nur sicher, dass sie sich trennen wollte. Ihre Entscheidung stand fest. Seine Entgegnung, dass sie doch jetzt erst anfangen würden, richtig zusammen zu sein, erreichten sie nicht. Als er sie küssen wollte, entzog sie sich und sie öffnete die Autotür. Er musste sie aussteigen lassen. Sie ging über den Gehweg zum Eingang ihres Hauses, schloss die Haustür auf und verschwand für immer aus seinem Leben.

Das Leben ohne Dagmar hatte seinen Sinn verloren. Es war trist, alles um ihn herum schien in einen dicken Nebel gehüllt zu sein. Mechanisch lebte er weiter, erwachte morgens und ging zur Arbeit.

Nur das Karate-Training vertrieb den Nebel für eineinhalb Stunden. Danach war er wieder alleine und musste erneut unendlich lange auf einen solchen Zufall hoffen, eine so schöne Frau wie Dagmar kennen zu lernen.

H.-P. blieb nichts Anderes übrig, als abends wieder an die Ecke zu gehen. Dort war kaum noch jemand, vielen war es zu unbequem im Freien an einen Stromverteilerkasten gelehnt zu stehen. Die Clique hatte sich gespalten. Die Einen folgten dem Beispiel der Eltern und saßen abends mit einer Flasche Bier vor dem Fernseher. Sie kamen nicht mehr an die Ecke. Die Anderen, dessen Kern H.-P. und Mockel waren, dachten nach, wie sie ein besseres Leben als die Eltern führen könnten. Aber nicht mal Mockel kam heute an die Ecke. So stand er alleine auf der Straße und blickte bergab über die tiefer liegenden Häuser hinweg zu dem weit entfernten Schornstein der Müllverbrennungsanlage mit seinen rot blickenden Warnlichtern. Der Schornstein lag im Nebel seines eigenen Qualms.
Das Ende der Lehre war in Sicht. H.-P. und Mockel war klar, dass sie nicht als Elektriker bei der AEG, oder wo auch immer, arbeiten wollten. Sie wollten der Tretmühle der eintönigen Maloche so lange wie möglich entkommen. Rolf, einer der

Studenten der SAG hatte auch eine Lehre gemacht und danach ein Studium begonnen. Aber sie hatten kein Abitur. Wie sollten sie ohne Geld drei Jahre zur Schule gehen, um das Abitur nachzuholen? Weder konnten, noch wollten sie bei den Eltern leben. H.-P.s Vater hätte ihn niemals weitere 3 Jahre zu Hause wohnen lassen. Noch weniger hätte er ihm Geld gegeben, um zur Schule zu gehen. Er hatte einen Beruf und konnte sofort Geld verdienen. Alles andere war in den Augen seines Vaters Blödsinn.

Als sie Rolf ihr Dilemma schilderten, sagte er, dass dies doch gar kein Problem sei. Sie sollten einfach am technische Gymnasium ihr Abitur nachholen. Dort würden sie elternunabhängiges BÄFÖG bekommen. Aber es gäbe eine Aufnahmeprüfung.

H.-P. hatte das Gefühl während der dreijährigen Lehre alles Schulwissen vergessen zu haben, wie sollten er eine Aufnahmeprüfung für das Gymnasium bestehen? Rolf beruhigte ihn, er würde dafür sorgen, dass alle die Prüfung bestehen. Sie sollten abends zu ihm kommen, dann würde er mit ihnen für die Aufnahmeprüfung lernen.

Lässig und stolz erwähnten Mockel und H.-P. am nächsten Abend, dass sie bald auf das Gymnasium gehen würden. Tags drauf meldete sich Dettmar und sagte, dass er auch an der Vorbereitung für die Aufnahmeprüfung teilnehmen wolle. H.-P. war nicht begeistert, aber Dettmar war ja sein Freund.

So nahmen sie Dettmar mit zu Rolf. Er hatte eine kleine Dachwohnung in einem Altbau im Nordend. Dort büffelten sie Mathematik. In den Pausen schwärmte Rolf von Griechenland. Die Menschen dort wären so gastfreundlich, dass sie ihn und seine Freundin jedes Jahr fast gratis aufnehmen würden. Dann lösten sie weiter Gleichungen. Nach dem Lernen gingen sie erschöpft ins „Größenwahn“, eine gerade neu eröffnete Kneipe gegenüber Rolfs Wohnung.

21 Komm, steig ein

Es blieben nur noch wenige Wochen bis zum Ende der Lehre. Die Aufnahmeprüfung für das Gymnasium lag hinter ihnen und sie warteten auf die Ergebnisse. Die Prüfung war gut verlaufen und H.-P. blickte in eine bessere Zukunft. Eine Zukunft, in der er nicht ein Leben lang auf der Baustelle arbeiten würde. Seit Wochen montierten sie Leuchtstofflampen auf der Baustelle des Commerzbank Hochhauses. Den ganzen Tag stand er auf der Leiter und bohrte Löcher für die Halterungen in die knochenharten Betondecken. Sie hatten sich bis zum 28. Stockwerk hochgearbeitet. Es gab noch keine Fenster, wenn er an der Außenseite des Stockwerks ankam, stand seine Leiter einen Fußbreit vor der offenen Fassade. Er wollte sich keine Blöße geben und sagte nicht, dass solche Arbeitsbedingungen gefährlich waren. Wenn seine Leiter am offene Ende des Stockwerks stand, durfte er halt nur nicht nach unten schauen.

Wie immer seit der Trennung von Dagmar ging er nach dem Abendessen an die Ecke und wartete, dass etwas passierte. Auf der Arbeit hatte Mockel erzählt, dass er sich mit Betschel über eine Jugendvertretung unterhalten hatte. Betschel nervte mit seinen Theorien über die unterdrückte Arbeiterklasse, er betonte immer wieder, dass H.-P. ihr angehöre. H.-P. lehnte natürlich die spießbürgerliche Seite der Elterngeneration ab, aber den trockenen, irgendwie lebensfremden SAG-lern konnte er sich auch nicht so recht anschließen. Mockel würde sich auf jeden Fall heute Abend mit ihm und anderen von der SAG in einem griechischen Lokal treffen. Rolf wäre auch dabei. Das versprach ja eine langweilige Männerrunde zu werden, dachte H.-P.

Was sollte jetzt, denn gegen Ende des dritten Lehrjahres noch Interessantes in der AEG passieren? Auch war es sicher keine Gelegenheit, eine Frau kennen zu lernen. Er sagte nur: „Ja mal sehen, vielleicht komme ich mit."

Am Abend stand er alleine an der Ecke und wartete. Da kam Klaus-Dieter Eisenhammer mit einem Auto um die Ecke gefahren. Er wohnte in einem der berüchtigten Hochhäuser am Frankfurter Berg und kam selten an die Ecke. Er stieg mit strahlendem Gesicht aus seinem Auto. Seine Eltern hatten ihm einen VW Variant älteren Baujahrs gekauft. Eine graue, altmodische Kiste. Man hatte versucht, dessen Alter und Gebrauchsspuren durch Polieren zu überdecken, an manchen Stellen glänzte der Lack sogar. Aber es war nicht zu übersehen, dass es ein stark gebrauchtes Auto war. Klaus-Dieter tat so, als ob es nagelneu wäre. Er war gut gelaunt und voller Stolz über seinen neuen Besitz. Er hüpfte um den Wagen herum und lehnte sich dann mit nach hinten gebogenen Rücken lässig an die Fahrertür. Seine Sätze unterstrich er meist durch ein kurzes Lachen: „Meine Eltern haben mir den Wagen gekauft, hehe. Fahre jetzt mit Dettmar ins ‚Sherwood Inn', kannst ja mitkommen, hehe. Schau mal, was ich für eine scharfe Kiste habe." Höflichkeitshalber schaute H.-P. sich den VW an. Wieder so eine aufpolierte Kiste vom Gebrauchtwagenhändler, die noch nicht einmal die Hälfte dessen wert war, was sie wahrscheinlich bezahlt hatten. Nie würde er so ein Auto kaufen. Wie gut war dagegen seine neuwertige Suzuki, bei der alles tadellos funktionierte. Außerdem sah er, dass auch dies ein Unfallwagen war: Hinter- und Vorderräder waren nicht in einer Spur. Genau wie damals bei Dettmars gebrauchtem Simca. Aber er wollte Klaus-Dieter den

Spaß an seinem Auto nicht verderben und sagte nichts von der verzogenen Spur.

Dettmar hatte sich zwischenzeitlich wieder ein gebrauchtes Auto gekauft, offensichtlich ohne dass er auf die Zahlung der letzten Raten angewiesen war. Angeblich war das Auto technisch einwandfrei. Dettmar wollte es noch neu lackieren lassen. Dann würde er ein annähernd neues Auto besitzen. Er hatte den alten Lack bereits abgeschliffen und zum Spaß mit Grundierlack einen schwarzen Totenkopf mit einem Knochenkreuz, angelehnt an eine Piratenflagge, auf die Motorhaube gemalt. Morgen würde er das Auto in die Lackiererei bringen.

Dettmar kam herunter und sagte, dass heute das ‚Sherwood Inn' angesagt sei. H.-P. hatte nichts davon mitbekommen, und es war auch sonst niemand an der Ecke, um mitzufahren. Die beiden hatten sich wohl verabredet und taten nun so, als ob es eine abgemachte Sache sei. Während er sich das überlegte, forderte Dettmar ihn auf, mitzukommen: „Komm, steig ein". Er war unentschlossen. Das ‚Sherwood Inn' war eine nette Disko mit wenig Schlägereien. Sicher eine bessere Gelegenheit, dort eine Frau kennen zu lernen als bei einem AEG Treffen in einem griechischen Speiselokal. Aber er spürte, dass es dort um Zukunft und Selbstbestimmung gehen würde, und außerdem war es selbstverständlich, dass, wenn Mockel solche Termine ausmachte, er mitkam.

Dettmar unterbrach seine Gedanken: „Also was ist, kommst Du jetzt mit oder nicht?" Er fühlte sich unter Druck gesetzt und brachte es nicht fertig ihm zu sagen, dass es für ihn wichtiger sei, über die Gründung einer Jugendvertretung zu reden als mit ihm in die Disko zu gehen. Vielleicht wäre er dann womöglich sogar mit zum Griechen gekommen, aber in der politischen Szene wollte er ihn auch nicht haben. Dort war er jemand, dort war er selbstbewusst und lernte ständig Neues kennen. Dort hatte er seine erste und zudem bildhübsche Freundin kennengelernt. Dies war Mockels und sein Revier. Dettmar, der hauptsächlich auf seinen eigenen Vorteil bedacht war, passte nicht zu diesen Leuten. Sie waren offen für jeden und wären es auch sicher für ihn gewesen. Er sagte nichts von seinem Plan für diesen Abend. Andererseits war das ‚Sherwood Inn' eine klasse Disko mit guter Musik. Der Gedanke, heute Abend mit einer schönen Frau zu tanzen, war sehr verlockend. Die Gedanken gingen durch seinen Kopf und er kam zu keiner Entscheidung. Es war genug Zeit verronnen. Er musste jetzt antworten. Er fühlte sich Dettmar verpflichtet, gab sich einen Ruck und sagte: „Ja, ich komme mit."

Sein Motorrad stand noch auf der Straße. Da er es heute nicht mehr benutzen würde, wollte er es noch schnell in die Garage bringen. Die beiden sagten nichts dazu und sahen nicht so aus, als ob sie es eilig hätten.

Ohne Helm und Handschuhe fuhr er in die wenige hundert Meter entfernte Garage. Mockel und er hatten sie als Gemeinschaftsgarage für Motorräder gemietet. Bis auf Mockels baugleiche Suzuki waren alle anderen schon untergestellt. Nichts los an diesem Abend, dachte er. Er prüfte die Kettenspannung und den Ölstand und wischte noch ein wenig mit dem Öl-Lappen den Motor ab. Dann verschloss er die Garage sorgfältig und begab sich auf den Rückweg. Verwundert bemerkte er seinen langsamen Gang. Er hatte schwere Beine und es schien, als ob der Boden klebte. Er musste jeden Fuß mit Kraft anheben. Es war ein Gefühl, als ob an seinem Rücken ein Gummiband befestigt wäre.

Ihm fehlte die Kraft, schneller zu gehen. Einen Moment lang dachte er wirklich, dass ihn jemand von hinten festhalten würde. Er drehte sich um, aber da war absolut niemand.

Als er wieder an die Ecke kam, war der VW verschwunden. Die beiden waren also ohne ihn losgefahren. Tolle Freunde, dachte er. Typisch Dettmar, immer auf sich bedacht, auf ihn zu warten hatte er nicht nötig.

Zum Glück war Mockel noch zu Hause. Ohne seinen fehlgeschlagenen Disko-Besuch zu erwähnen, stiegen sie auf sein Motorrad und fuhren nach Bockenheim. Im Lokal erklärte Betschel und Rolf, dass sie unbedingt eine Jugendvertretung brauchen. Mockel und er hörten schweigend zu. Der Funke wollte nicht so recht überspringen. Rolf war, wie Betschel, Mitglied der SAG. Die Gruppe wollte sie in einer wichtigen Funktion in der AEG haben. Daher argumentierte er auch für die Jugendvertretung. Aber er versuchte nicht so vehement wie Betschel, die beiden zu überzeugen. Bald gaben sie auf. Rolf lenkte das Gespräch auf Griechenland. Er schwärmte von der Gastfreundschaft der Griechen und dem guten Essen. Sie stimmten zu, dass sich etwas in der AEG ändern müsse, und bestätigten Rolf, dass das Essen in Griechenland sicher viel besser als hier schmecken würde. H.-P. sagte, dass er sich das mit der Jugendvertretung nochmal durch den Kopf gehen lassen würde. Bald danach brachen sie auf, der Abend war zu Ende.

Wieder ein langweiliger Abend, wieder nichts erlebt. Langsam fuhren sie nach Hause. Wenigstens kam H.-P. heute früh ins Bett und die Qual des frühen Aufstehens würde morgen nicht so heftig sein. Leise schlich er in das Kinderzimmer. Aus dem Schlafzimmer der Eltern tönte Vaters lautes Schnarchen.

Aus dem Treppenhaus drangen Schreie in sein Zimmer, die ihn weckten. Dann ein Weinen und Wehklagen aus tiefster Seele. Mutter rief ängstlich seinen Namen. Die Zimmertür wurde aufgerissen und Vater blickte hinein. Er rief nach draußen: „Ja, er ist hier". Er hörte seine Mutter aufatmen. Schlaftrunken stand er auf und ging in Richtung Treppenhaus. Dort standen zwei Polizisten hilflos und verloren vor Familie Lohrs Wohnungstür. Vor ihnen Herr und Frau Lohr. Frau Lohr sackte in sich zusammen. Sein Vater packte sie unter den Armen. Dann hörte er, wie der eine Polizist Herrn Lohr antwortete: „Ja, tödlich, beide."

22 Der Tag danach

Als H.-P. am Tag nach dem Unfall erwachte, schien helles Tageslicht in sein Zimmer. Es war spät, er hatte verschlafen. Alle waren schon aus dem Haus. Es war ein sonniger Vorfrühlingstag im April. Er zog sich an und ging zur Garage. Es herrschte eine andächtige Stille. Ein angenehm warmer Wind wehte ihm sanft entgegen. Selbst die Vögel zwitscherten kaum, als ob sie frühjahrsmüde waren. Es war der erste Tag des Jahres, an dem er die dicken Handschuhe und den warmen Pullover unter der Lederjacke weglassen konnte.

Bis jetzt wusste nur Familie Lohr, er, und seine Familie von dem Unfall. Er aber musste dieses auf ihm lastende Wissen, schnell mit anderen teilen. Er holte seine Suzuki aus der Garage und machte sich auf den Weg zu seinen Freunden. Zuerst fuhr er zu Harald. Er war Lehrling in einer Autolackiererei in Preungesheim. Als er dort ankam, stand Harald mit leeren Farbdosen in den Händen auf dem Hof der Werkstatt. Er freute sich H.-P. zu sehen und rief ihm entgegen: „He, Alter, schön, dass du mal zu mir kommst“. Die Müllabfuhr leerte gerade die Tonnen und er sagte laut gegen den Lärm anredend, ohne vom Motorrad zu steigen: „Dettmar und Hammer sind tot“. Harald schaute ihn einen Moment schweigend an, dann quollen ihm die Tränen aus den Augen. Er blieb wortlos im Hof stehen, die Müllabfuhr leerte laut polternd die Tonnen. Dann rannte er, der inzwischen wieder abfahrenden Müllabfuhr hinterher. Er hatte vergessen, seine leeren Dosen mit zu geben. Danach ging er wortlos an H.-P. vorüber und verschwand in der Lackiererei. Haralds Trauer berührte ihn nicht, er hatte nichts mit der Sache zu tun. Er war nur der Bote, der eine Nachricht zu übermitteln hatte. Darüber hinaus war es ein schöner Vorfrühlingstag und er hatte frei.

Dann fuhr er weiter zu Otto. Otto hatte diese Woche Berufsschule und er traf ihn auf dem Schulhof. Auch Otto freute sich über den unverhofften Besuch. „He, was machst Du denn hier? Schön, dass du mal vorbeikommst“. Ohne seinen Gruß zu erwidern, sagte er, genauso kurz wie Harald, dass Dettmar und Hammer vergangene Nacht tödlich verunglückt waren. Otto überlegte, ob die Nachricht erfunden sein konnte, kam aber schnell zu dem Ergebnis, dass H.-P. niemals so etwas zum Spaß sagen würde. Auch Otto fragte nicht weiter nach den Umständen. Er packte seine Sachen, sagte kurz dem Lehrer Bescheid und fuhr nach Hause.

H.-P. wollte, dass alle sofort wussten, was passiert war. Niemand sollte heute sein normales Leben mit Arbeiten verbringen. Er klapperte noch weitere Freunde ab, erreichte aber niemanden mehr. Zur AEG wollte er nicht, lieber sollte es Mockel erst heute Abend erfahren. Jetzt auf die Baustelle zu fahren, und womöglich dort noch dem Meister und anderen Kollegen zu begegnen, wollte er auf keinen Fall. Heute war ein so tiefgreifender, besonderer Tag, in den die Normalität eines Arbeitsalltages überhaupt nicht passte.

Am liebsten wäre er noch weiter umhergefahren, aber es gab kein Ziel mehr und so musste er wieder zurück in die Siedlung fahren.

Vor seinem Haus stand ein Porsche. So ein Auto kam eigentlich nie in die Siedlung. Als er die Haustür aufschloss, hörte er wieder im Treppenhaus Frau Lohrs Schreien und Weinen. Er ging nach oben. Dort standen zwei modisch gekleidete Männer in Cowboystiefeln und weißem Hemd. Sie hatten gestylte halblange

Haare, ausgestellte Stoffhosen und trugen offene Sakkos. Unangenehme Typen, die in der Politszene unweigerlich angemacht worden wären. Es waren Reporter der ‚Bildzeitung'. Wie Frau Lohr später erzählte, hatten sie ihr gegenüber nicht einmal ihr Beileid ausgesprochen, sondern sofort ein Foto von Dettmar verlangt. Frau Lohr hatte ihnen gesagt, dass sie jetzt nicht in der Lage wäre, darüber zu entscheiden und versucht sie abzuwimmeln. Dann drohten die Reporter ihr, die Bilder vom Unfallort zu veröffentlichen. Was darauf zu sehen sei, wäre nicht schön für sie. Das war für Dettmars Eltern zu viel, sie warfen die ‚Bild' Zeitungs-Reporter aus dem Haus.

Am nächsten Tag wurden die Bilder vom Unfallort veröffentlicht. Die Fotos zeigten, wie der VW noch unter dem LKW mitsamt den Insassen steckte, sowie den Abtransport der Särge zum Leichenwagen. Schemenhaft konnte man die Umrisse der beiden Leichen sehen.

Am Abend erzählte Vater, dass er vergangene Nacht schlecht geschlafen habe. Er habe von seiner Arbeit als Metzger geträumt. Er hätte Wurst gemacht, und nebenbei zwei Räucheröfen in Gang halten müssen. Immer wieder hätte er seine Arbeit unterbrechen müssen, um nach den Öfen zu schauen. Aber so sehr er auch darauf achtete, dass das Feuer nicht ausging, erlosch ihm mal der eine, mal der andere Ofen. Und so sei er gar nicht zur Ruhe gekommen.

Während Vater dies geträumt hatte, waren Dettmar und Klaus-Dieter auf der, nur wenige Kilometer entfernten Autobahn auf dem Nachhauseweg vom ‚Sherwood Inn'. Zufällig war ein anderer AEG-Lehrling an diesem Abend auch im Sherwood. Es sei ein ganz normaler und eigentlich ruhiger Abend gewesen, erzählte er später. Die beiden hätten kaum etwas getrunken und seien keinesfalls betrunken gewesen.

Klaus-Dieter und Dettmar fuhren gerade über die Urselbach-Brücke, ein etwa 200 Meter langer Autobahnabschnitt über ein breites Tal, von dem aus man einen weiten Blick bis zu unserer Siedlung hatte. Klaus-Dieter saß am Steuer, Dettmar neben ihm. Wegen einer Baustelle war ihre Fahrspur gesperrt und der Verkehr wurde über eine S-Kurve auf die linke Seite der Autobahn umgeleitet. Der Gegenverkehr kam ihnen nur durch eine gelbe, doppelte Linie getrennt entgegen. Es war wochentags, gegen Ein Uhr und wenig Verkehr auf der Straße. Auf der Gegenfahrbahn kam ihnen ein moderner Sattelschlepper entgegen. Es war einer der ersten Modelle ohne Kühlerhaube, Kühler und Frontscheibe waren in einer Flucht. Der riesige Kühler war durch ein massives, verchromtes Stoßgitter geschützt. Am Steuer saß ein Fernfahrer aus Norddeutschland. Er gab an, nur einen Schatten gesehen zu haben, dann hätte es einen Ruck gegeben und der LKW hätte stark gebremst und wäre etwa 40 Meter weiter zum Stehen gekommen. Als der 50-jährige Mann ausstieg, bot sich ihm ein Bild des Grauens. Unter der Zugmaschine steckte ein bis auf weniger als einen Meter Höhe zusammengeschobener Blechhaufen. Nur die Räder ließen erkennen, dass es einmal ein PKW war. Tief unter dem LKW lagen Dettmar und Klaus-Dieter, eingeklemmt zwischen Autodach und ihren, in Liegestellung nach hinten geklappten, Autositzen. Alles war voller Blut.

Nach dem ersten Anblick lief der Fahrer davon. Dann kam er wieder zurück, um sich zu vergewissern, dass das Gesehene

Wirklichkeit war, lief wieder davon, kehrte wieder zurück, um wieder das fürchterliche Bild zu betrachten.

Es musste ein Schwerkran zum Anheben des LKW anrücken. Dann konnte ein normaler Abschleppwagen die Trümmer des VWs hervorziehen. Die Feuerwehr schnitt die ineinander geschobenen Bleche des Autos auf. Erst nach dieser, für den LKW-Fahrer unendlich langen Zeit, konnte die zwei zerquetschten Leichen geborgen werden.

Dies alles erfuhren sie von der Polizei und aus der Presse. In der Unfallnacht hieß es nur, dass die beiden bei einem Autounfall tödlich verunglückt seien. Die ‚Bild' Zeitung ‚wusste' angeblich noch, dass der LKW-Fahrer seinen Beruf aufgeben wollte. So waren sie in dieser Nacht, ohne zu erfahren, wie es zu dem Unfall gekommen war, wieder zurück in ihre Wohnung und zu Bett gegangen.

Die letzten Monate vor dem Unfall hatte H.-P. Dettmar kaum noch gesehen. Ihre Wege waren schon vor dem Unfall in Frankreich auseinandergegangen. Dettmar hatte sich mit Leuten getroffen, die H.-P. unangenehm waren. Unter ihnen sollen auch Zuhälter gewesen sein. Dann hatte Dettmar sich wieder wochenlang mit seiner Freundin in der Wohnung ihrer Eltern verkrochen. Natürlich war es verlockend, eine Freundin mit einem abschließbaren Zimmer zu haben. Die Abende in der Wohnung der Eltern der Freundin zu verbringen, entsprach aber auch nicht seiner Vorstellung vom Leben. Ihn hingen zog es in die Studenten- und Polit-Szene.

Wenn er Dettmar zufällig begegnete, bekam er ein Gefühl von lähmender Schuld. Etwas stimmte nicht.

Manchmal hegte er einen geheimen Wunsch, dass Dettmar aus seinem Leben verschwinden würde und damit die ganze Geschichte mit dem Unfall und dem Geld. Dieser Gedanke kreiste seit Wochen in seinem Kopf. Eine Schuld haftete an ihm, die ihm zu Unrecht aufgebürdet wurde. So lange es Dettmar gab, würde sie fortbestehen. Immer wieder dachte er darüber nach, aber ein Mensch konnte sich ja nicht einfach in Luft auflösen. Aber trotzdem wurde er den Gedanken nicht los. Erst Tage später erinnerte er sich an seinen geheimen Tagtraum und erschrak darüber, dass er in Erfüllung gegangen war. Dass Dettmar sterben könnte, das war ihm nie in den Sinn gekommen! Er sollte ja nur weg sein, aber doch nicht so. Die Lösung war so verblüffend einfach und er wunderte sich, dass er das nie in Erwägung gezogen hatte. Er erzählte niemanden jemals ein Wort von seinen Gedanken. Schnell schob er sie in eine dunkle Ecke seines Kopfes, um sie dort für immer unter Verschluss zu halten.

Auf der Straße stand noch Dettmars Auto mit dem Totenkopf auf der Motorhaube. Alle, die von dem Unfall wussten, überkam ein eisiger Schauer bei dessen Anblick. Wem entgangen war, dass der Besitzer des Wagens vergangene Nacht gestorben war, wunderte sich vielleicht nur über die merkwürdige Verzierung. Nachdem die ‚Bild' Zeitungsreporter verschwunden waren, besorgte Herr Lohr sich einen Eimer Farbe und übermalte mit langen Pinselstrichen die Motorhaube. Zum Glück wussten die Reporter nicht, dass dies Dettmars Auto war.

Am Nachmittag wurde bekannt, dass der Unfallwagen in der Nacht auf einen Schrottplatz in der Nähe der Autobahn transportiert worden war. Sofort fuhr H.-P. zu dem Platz. Er stellte sein Motorrad vor Eingangsbaracke ab und suchte nach einem VW Variant. Er lief den ganzen Platz ab, konnte aber keinen VW-Variant finden. Nach einer Weile kam aus der Baracke der Schrotthändler. Aus seinem schmutzigen Blaumann quollen sein massiger Leib wulstartig hervor und erinnerte an ein Michelin-Männchen. H.-P. fragte nach einem VW Variant, in dem vergangene Nacht zwei junge Männer umgekommen waren. Der Schrotthändler deutete mit seiner ölverschmierten Hand auf ein langgezogenes Stück Blech im Eingangsbereich des Platzes, direkt vor der Baracke neben seinem Motorrad. Ahnungslos war H.-P. an diesem Stück Blech vorbeigegangen. Das dies Hammers Auto sein könnte, war ihm nicht in den Sinn gekommen. Nicht einmal an dessen Größe konnte man erahnen, dass es einmal ein Auto gewesen war. Die Hinterräder waren nach außen abgespreizt und erinnerten an die Flügel eines Kükens. Die Vorderräder waren verschwunden. Das Dach war zu einer Mulde zusammengeschoben, in der das Regenwasser stand. Die Innenseite des Dachs hatte sich auf die Vordersitze gedrückt. Der Kühlergrills war in die einstige Fahrerkabine geschoben worden, dessen eine Hälfte steckte nun fest zwischen Dach und Bodenblech, die andere stakte verbogen ins Freie. An den Rippen des Grills klebten schwarze, verkrustete Flecken. Dieser Haufen konnte nicht Eisenhammers Auto sein, in nichts konnte H.-P. einen VW Variant erkennen. Außerdem war dieses Stück Blech viel zu klein, um vorher ein Auto gewesen zu sein. Er sagte dies dem Schrotthändler, der nichts anderes zu erwidern wusste, als in westfälischem Dialekt zu sagen: „Ja Jung, So is dat nu mal". H.-P. verabschiedete sich und fuhr davon.

Als er zuhause ankam, standen an der Ecke viele junge Leute. Es sollte das letzte Mal sein, dass hier so viele Jugendliche zusammenkamen. Die Sensationsnachricht hatte alle möglichen

Typen nach Eschersheim gelockt. Einige kannte er flüchtig, andere waren ihm völlig fremd. Max, der neue Freund von Dettmars großer Schwester war auch da. Er hatte sich noch vor H.-P. den Unfallwagen angeschaut und behauptete cool, am Kühlergrill des VW's habe Dettmars Gehirn geklebt.

Herr Lohr kam aus dem Haus herübergelaufen. Er hatte die Ansammlung vom Fenster aus beobachtet. Er zog einen Zwanzigmarkschein aus dem Portemonnaie und sagte: „Hier, nehmt das Geld und geht einen auf Dettmar trinken". H.-P. merkte, dass der Anblick der vielen jungen Menschen, unter denen sich bis gestern sein Sohn befand, schwer für ihn war. Zuerst fuhren sie in eine Bierkneipe nach Bonames. Nach der ersten Runde Getränke kam Dettmars Freundin in die Kneipe. H.P. sah sie das erste Mal. Er war erstaunt wie unattraktiv sie war. Sie war pummelig, klein und altmodisch gekleidet. Sie setzte sich an den Tisch, kippte ein großes Bier herunter und flirtete mit ihrem Tischnachbarn. Ein andere aus Eschersheim riss sie daraufhin grob am Arm zu sich herüber und küsste sie gegen ihren Willen. Es entstand ein Gerangel, bei dem Stühle umkippten und Biergläser zerbrachen. Im Tumult verließ H.-P. mit Harald, Otto, Max und einigen anderen die Kneipe.

Max war ein frecher Typ, der gerne provozierte. H.-P. hatte er bisher in Ruhe gelassen, vielleicht wegen der Nähe zur Familie Lohr oder wegen seiner Freundschaft zu Otto. Einmal hatte er Otto, als er mit Helm auf dem Kopf auf seinem Motorrad saß, ihm von hinten zum ‚Spaß' mit voller Wucht auf den Helm gehauen. Otto war daraufhin seelenruhig vom Motorrad abgestiegen, hatte ihm mit der linken Hand auf seine Schulter geklopft und gesagt: ‚Das machst du kein zweites Mal', dann hieb er ihm mit der rechten Hand zwischen die Beine und Max klappte zusammen wie ein Taschenmesser.

Vor der Kneipe schlug Max vor, in den Taunus zu fahren. H.-P. verstand nicht, was sie in der Mittagszeit an einem Wochentag im Taunus machten sollten. Aber es war ein guter Grund, Motorrad zu fahren und weg von der Siedlung zu sein. Er schloss sich an. Max hatte ein Auto, in dem er einige der angetrunkenen Freunde mitnahm. Normalerweise wäre eine solche Fahrt automatisch zu einem Rennen ausgeartet, aber heute fuhren sie in normalem Tempo. Nach einigen Stopps fanden sie endlich ein geöffnetes Lokal im Hintertaunus. Dort waren sie die einzigen Gäste. Drinnen wurden Geschichten über Dettmar erzählt. Zum Beispiel, dass er vor einigen Wochen ein Krematorium besucht habe. Die Besuchergruppe habe bei der Verbrennung einer Leiche zuschauen dürfen. Reißerisch habe Dettmar erzählt, dass sich die Leiche in der Feuersbrunst aufgerichtet hätte, um dann kurz aufrecht im Sarg zu sitzen. Auch H.-P. hatte er von dem Besuch im Krematorium erzählt.

Ihm lag es auf der Zunge, von Dettmars verlorener Schlägerei, bei der ihm die Zähne ausgeschlagenen wurden, zu erzählten. Dettmar war aus einem nichtigen Grund mit einem Typen in Streit geraten. Dieser fiese Kerl hatte sofort einen Schlagring aus der Tasche gezogen und damit Dettmar mehrere Zähne ausgeschlagen. Einige Tage später begegnete H.-P. ihm vorm Haus. Dettmar hatte ein blaues Auge und ihm fehlten mehrere Zähne. Er erzählte, dass er auf der Treppe zu einem Tanzlokal gestolpert und dann die Treppe hinuntergefallen sei. Beim Reden hielt er die Hand vor den Mund, um seine Zahnlücken zu verdecken. H.P. spürte, dass ihm die Sache peinlich war und sagte nicht, dass er keine Sekunde an seine unglaubwürdige Geschichte mit der Treppe glaubte. H.-P. behielt die Geschichte für sich.

Bevor sie wieder nach Haus fuhren, liefen sie betrunken und grölend durch die menschenleeren Straßen der kleinen Gemeinde.

Das war das letzte Mal, dass H.-P. mit Max, Harald und dem Rest der Clique zusammen war. Ab nun blieb die Ecke leer.

H.P. verdrängte Dettmar vollständig aus seinem Kopf, er wollte nichts mehr von ihm und seinem Leben wissen. Er erzählte natürlich niemandem von seinen offenen Ratenzahlungen. Nur einmal fragte ihn sein Vater, was denn eigentlich aus der Sache mit Dettmars Auto geworden sei. Er nuschelte, dass er etwas bezahlt hätte. Sein Vater spürte seine Verlegenheit und meinte, dass das ja jetzt egal ist. H.-P. war froh, dass er nicht weiter fragte und dass damit die Geschichte für immer begraben war. Dann setzen sie sich an den Küchentisch und aßen zu Abend.

Als H.-P. noch Kind war, hatten sie, wie heute, am Küchentisch gegessen. Mutter hatte sich Sorgen gemacht, weil sie die Treppe schon am Freitag, und nicht, wie es vorgeschrieben war, am Samstag geputzt hatte. Es könnte ja jemand auf der feuchten Treppe ausrutschen und sie könnten dann zur Rechenschaft gezogen werden. In diesem Moment gab es einen lauten Schlag im Treppenhaus und ein Kind begann zu weinen. Mutter und Vater sprangen vom Esstisch auf und eilten ins Treppenhaus. Dort stand heulend Dettmar mit seinen Spielzeugautos in den Händen. Er war ausgerutscht und hingefallen, die eisernen Autos schlugen laut scheppernd auf die Steinstufen.

Nun hörten sie heute wieder Schritte im Treppenhaus. Sofort erkannte H.-P. Dettmars Schritt. Dann gab es den gleichen

Schlag, und das gleiche metallische Scheppern wie damals. Die Familie hörte auf zu kauen und sie blickten sich erschrocken an. Sie hatten etwas gehört, was es nicht geben konnte. Alle hatten Dettmars Schritte und das Geräusch von damals erkannt. Niemand sagte ein Wort. H.-P. schaute seinen Vater an, der zog die Schultern hoch, schüttelte sich unmerklich und aß weiter. Damit war die Sache beendet.

Dettmar wurde in einem Sarg in der Leichenhalle des Eschersheimer Friedhofs aufgebahrt. Dort konnte man Abschied nehmen und sich sogar den Deckel öffnen lassen. Der Totengräber riet jedoch allen davon ab, es sei kein schöner Anblick. Vater ließ sich davon nicht abschrecken. Mit einer Mischung aus Mut und Neugier ging er in die Leichenhalle. Zögernd und mit großen Bedenken schob der Wärter den Deckel zur Seite. Dettmar hatte damals langes, lockiges Haar im Afro Look. Nur daran hatte ihn Vater wiedererkannt. Sein Gesicht war nicht mehr zu erkennen, es war zur Unkenntlichkeit entstellt.

Am Tag von Dettmars Beerdigung fuhr H.-P. zu einer Bekannten, mit der sich seit einer Weile eine Freundschaft anbahnte. Nach einem kurzen Flirt lagen sie knutschend auf dem Bett. Beinahe vergaß er, dass heute Dettmar beerdigt wird. In einer viertel Stunde würde die Trauerfeier beginnen. Er hatte den Termin verdrängt. Nun merkte er, dass er sich ihm doch nicht ganz entziehen konnte. Sie beschlossen kurzerhand noch schnell hinzufahren. In einer Viertelstunde würde die Trauerfeier beginnen, sie mussten sich beeilen. Als sie am Friedhof ankamen, war die Tür zur Trauerhalle schon geschlossen. Vor der Tür hatte sich eine lange Schlange von Trauergästen gebildet, die bis zum Eingangstor des kleinen Friedhofs reichte. Sie wollten sich nicht durch das Tor auf das Gelände zwängen. Dass dort die Familie Lohr unendlich trauerte, erahnte H.-P. nur. Diesen Schmerz, diese Trauer wollte er nicht an sich heranlassen. Er konnte nicht trauern und das musste nicht jeder sehen. Außerdem hatte Dettmar sich entschieden, in das Auto von Hans-Dieter zu steigen. Es war einzig und alleine seine Entscheidung gewesen. Das war sicher traurig für seine Eltern und Schwestern. H.-P. aber hatte das Gefühl, dass das jetzt eine Woche später so seine Richtigkeit hatte. Am Ende wäre vielleicht noch die Frage aufgekommen, warum nicht auch er eingestiegen ist. Oder warum er so teilnahmslos war. Nein, heute würde er nicht auf den Friedhof gehen.

Das Paar blieb noch eine Weile händchenhaltend vor dem Tor stehen. Sie knutschten wieder, dann gingen zurück zum Motorrad und fuhren davon.

Die Siedlung kehrte zurück zu ihrem gewohnten Alltag. Die Männer gingen morgens zur Arbeit, seine Mutter und die anderen Hausfrauen erledigten ihre Hausarbeiten.

Nur die Ecke war für immer ausgestorben. Dort standen nun, mit zwei Rädern auf dem Bürgersteig geparkt, Autos.

Für H.-P. war dieser Alltag, diese Ruhe trügerisch. Er glaubte nicht, dass die Leute die Dimension von Dettmars Tod wirklich verstanden hatten. Er konnte jedenfalls nicht glauben, dass Dettmar für immer verschwunden war. Vor nur einer Woche hatte er die Wohnung verlassen und war in ein Auto gestiegen. Dinge, die jeder von ihnen ständig machte. Fahrten mit Autos, Motorrädern, Dettmar war sogar als einziger aus der ganzen Clique in einem Flugzeug geflogen. Aber er war immer wieder zurückgekehrt. Niemand verlässt das Zuhause der Eltern für immer. Nein, Dettmar war nicht für immer gegangen. Er lebte in ihren Köpfen weiter.

Lange Zeit ging H.-P. nicht an sein Grab. Er wollte keinen Beweis von Dettmars Auflösung zu Nichts vor Augen geführt bekommen. Dettmar war noch unter ihnen. Er würde wiederkommen. Verschmitzt und ein wenig verschlagen würde er dreinschauen. Dann würde er H.-P. wieder mit Unannehmlichkeiten konfrontieren. Er würde ihn fragen, warum er an dem Abend nicht in ihr Auto gestiegen sei. H.-P. würde zugeben müssen, dass er extra langsam von der Garage zur Ecke gegangen war.

In einem inneren Zwiegespräch sagte er Dettmar, dass er viel besser Motorrad, als er Auto fahren konnte. Außerdem hatte ihm sein Vater keinen gebrauchten Unfallwagen, sondern ein neues Motorrad gekauft. Viel entscheidender war jedoch, dass seine Eltern ihre unsichtbaren Hände schützend über ihn und seine Schwester gehalten hatten. Deshalb ist er nicht eingestiegen, weil seine Eltern ihn und seine Schwester insgemein liebten und beschützten. Dettmar würde herablassend erwidern, dass er wüsste, wie schwach seine Eltern seien. Er würde H.-P. mit etwas aus ihrer Vergangenheit konfrontieren, von dem H.-P. nichts wusste und daher nichts erwidern konnte.

Der letzte Tag der Lehre war gekommen. Der praktische Teil der Abschlussprüfung fand in einer großen Werkshalle der Deutschen Bahn statt. Jeder Lehrling bekam eine voll ausgestattete Werkbank. Für Dettmar stand auch eine Bank bereit, die AEG hatte die Bahn nicht rechtzeitig über Dettmars Tod informiert. H.-P. sagte einem Prüfer, dass diese Bank nicht gebraucht würde, weil es Dettmar Lohr nicht mehr gäbe. Der Prüfer stand angewurzelt vor Dettmars Platz und überlegte. Dann rief ein Kollege nach ihm und er eilte wortlos davon.

Die Prüfung begann: Die Aufgabe war, eine elektrische Schaltanlage für Starkstrommotoren zu bauen, Dettmars Platz blieb leer. Die Werkzeuge und das Material waren abgezählt, wurde ein Werkstück falsch bearbeitet, gab es keinen Ersatz und Punktabzug, schlimmstenfalls konnte das Gesellenstück nicht gebaut werden. H.-P. bog ein Blech zur falschen Seite. Es passte nicht und lies sich auch nicht wieder zurückbiegen. Er geriet in Panik und suchte fieberhaft nach einer Lösung. Er fragte Betschel, was er machen solle. Der schielte auf Dettmars volle Materialkiste, die mit einem Vorhängeschloss versehen auf seiner Werkbank stand. Betschel raunte etwas zu seinem Nachbarn. Dann begannen die beiden ein belangloses Gespräch. Die Prüfer schauten kurz auf, dann verschwanden sie wieder in ihrer gläsernen Meisterbude. Betschel holte einen Bolzenschneider unter seinem Kittel hervor. Ein kurzer Knack und Dettmars Koffer war auf. H.-P. dankte den beiden, nahm das Blech heraus und bog es, diesmal richtig. Nach zwei Tagen war sein Gesellenstück fertig und alles war ordentlich aufgebaut und verdrahtet. Er bestand alle Prüfungen und war mit 19 Jahren gelernter Starkstromelektriker.

Auf dem Nachhauseweg von der letzten Prüfung traf er zufällig seinen Vater in der Nähe des Hauptbahnhofs bei seiner Arbeit als Fahrer. Stolz zeigte er ihm seinen Gesellenbrief. Sein Vater wusste nicht so richtig etwas damit anzufangen und sagte nur: „Dann kannste ja jetzt so schnell wie möglich Geld verdienen“. Er hatte gar nicht mitbekommen, dass H.-P. die Aufnahmeprüfung zum technischen Gymnasium gemacht hatte. H.-P. wollte seinen Vater nicht enttäuschen und sagte nichts. Sie verabschiedeten sich und sein Vater eilte seine Sackkarre schiebend davon.

Noch vor der Gesellenprüfung hatte Herr Lohr einen Kunstmaler beauftragt. Er hatte ihm ein aktuelles Foto von Dettmar gegeben und der Maler erstellte ein großes Öl-Portraitbild mit einem geschwungenen, dunklen Rahmen. Als es fertig war, lud er die Familie Baum in sein Wohnzimmer ein. Dort stand auf der Couch ein großes Ölgemälde, auf dem Dettmar mit rundem Lockenhaar im Afro Look zu sehen war. Das Bild war perfekt, ein originalgetreues Abbild Dettmars. „So, da isser wieder", sagte Herr Lohr, als ob er Dettmar wieder zurück in die Familie geholt hätte. Mit dem Aufhängen des Bildes wolle man noch warten. Es sei zu früh, vielleicht in einen halben, oder in einem Jahr wäre der richtige Zeitpunkt.

Einige Wochen später kam ein Schreiben vom technischen Gymnasium, in dem H.-P. mitgeteilt wurde, dass er die Aufnahmeprüfung bestanden hatte. Das Schuljahr würde nach den Sommerferien beginnen. Dettmar hatte auch bestanden, seine Eltern hatten den an ihn gerichteten Brief geöffnet.

Otto hatte schon einige Woche früher ausgelernt. Lehrlinge seiner Metallwerkstatt waren gleich nach der Prüfung in den Urlaub nach Spanien aufgebrochen. Otto war auch dabei, aber er wollte, dass H.-P. mitkam und ließ die anderen vorweg fahren und wartete seine Prüfungen ab. Dann fuhren sie auf ihren Motorrädern durch Frankreich nach Spanien. Kurz vor der Grenze gab Ottos Maschine mahlende Geräusche von sich und blieb stehen. Im Straßengraben öffneten sie den Motor, und fischten Metallteile der zerfetzten Kupplung heraus. Die Kupplung funktionierte danach wieder, aber es fehlte ein Teil, sodass sie Ottos Maschine in der nächsten Werkstatt stehen lassen mussten und auf H.-P. Motorrad weiterfuhren. Sie überquerten die Grenze und schlugen ihr Zelt auf einem Campingplatz oberhalb von San Sebastian auf. Dort trafen sie die anderen VDM Lehrlinge. Auf dem Platz waren viele junge Leute aus verschiedenen Ländern. H.-P. fühle sich so gut wie lange nicht mehr. Nach zwei Tagen lernten Otto und er Karin und Angelika, zwei Frauen aus Stuttgart kennen. Da sie nur ein Motorrad hatten, fuhren sie auf zu viert in die Stadt. Tagsüber langen sie am Stand, abends zogen sie durch Stadt und kamen in der Nacht beschwipst und ausgelassen wieder zurück. Morgens schliefen sie bis die Sonne senkrecht über dem Zelt stand. Dann krochen sie mit roten Köpfen heraus, legten sich in den Schatten eines Baumes und schliefen weiter. Endlich war H.-P. erwachsen und vergaß Frankfurt, die Siedlung und die Eltern. Das Leben spielte sich hier in Spanien ab. Dettmar war vollständig aus seinem Gedächtnis verschwunden.

23 Wiederkehr

Als H.-P. aus Spanien zurück zu seinen Eltern kam, spürte er, dass er nicht mehr hierher gehörte. Die Erwachsenen der Siedlung, die sie schon als Kinder aus ihrer Nähe vertrieben hatten, hassten sie jetzt als Jugendliche.

In der letzten Neujahrsnacht, die er bei seinen Eltern verbrachte, stand H.-P. mit Otto und einigen Andern auf der Wiese und stießen auf das neue Jahr an. Dort war auch Bewohner aus dem Nachbarblock. Schneehotta und Jilk, zwei besonders fiese Nachbarn, waren unter ihnen. Sie spielten sich gerne als Ordnungshüter auf. Wenn sie als Kinder, auf dem Spielplatz hinter „ihrem" Haus gespielt hatten, vertrieb Schneehotta sie: „Spielt dort, wo ihr herkommt". Rafften sie ihr Spielsachen nicht schnell genug zusammen, zogen sie auch mal ein Kind an den Ohren aus dem Sandkasten.

Ihnen passte es nicht, dass die Jugendlichen auf „ihrer" Wiese standen. Schneehotta und Jilk zündeten Kanonenschläge und warfen sie zwischen deren Beine. Otto raunte Schneehotta an: „Lass das Alter, sonst knallen wir zurück". Sie lachten und zündete neue Kracher an. Schneehotta war ein kleiner, drahtiger Typ mit einem typischen Nazi-Haarschnitt. Er funkelte sie aus seinen, kleinen zusammengekniffenen Augen an und zischte etwas, von „Damals hätten wir nicht so lange gefackelt". Er war als Tyrann in seinem Haus bekannt. Alles, was ihm nicht passte, zeigte er beim Hausmeister an. Jilk war sein (wahrscheinlich einziger) Freund im Haus. Er war nicht ganz so giftig wie Schneehotta, aber er schloss sich seinem Freund an und schnauzte H.-P. an, dass er hier verschwinden sollte. Der Hass in seiner Stimme erschreckte ihn. H.-P. rührte sich nicht von der

Stelle. Da versuchte Jilk ihn mit ausgestreckten Armen von der Wiese zu stoßen. H.-P. schob einmal kräftig zurück und Jilk fiel über seine eigenen Füße und landete im Schneematsch. Schneehotta ging auf Otto los. Otto schlug nur einmal zu und Schneehotta fiel taumelt zurück in die Arme der um ihm stehenden Nachbarn. Seine Nase blutete und sein Auge schwoll sofort blau an. Dann verschwanden die Alten in ihren Wohnungen.

Otto und H.-P. bekamen einige Tage später eine Anzeige wegen Körperverletzung. In der Siedlung wurde geraunt, dass Schneehotta im zweiten Weltkrieg ein schlimmer Nazi gewesen sei. Was auch immer bei der Anzeige herauskommen würde, Ottos Schlag war und blieb eine lang anhaltende Genugtuung.

Mit dem Beginn des technischen Gymnasiums zerfiel die Clique endgültig und auch Ottos und H.-P. Wege trennten sich.

H.-P. litt unter Alpträumen. In einem besonders schlimmen Traum sitzt er im Führerhaus einer Lokomotive. Der Zug fährt auf den Gleisen der Bahnlinie entlang der Siedlung. Er verlässt kraftvoll und schnell die Siedlung, passiert bald den Bahnhof Eschersheim. Dann macht er sich auf den Weg in eine fremde, neue Stadt. H.-P. freut sich auf das neue Leben dort. Aber plötzlich rast der Zug auf ein feststehendes Hindernis zu. Vielleicht auf einen, auf demselben Gleis entgegenkommenden Zug. Es sind nur noch wenige Meter bis zum Aufprall. Der Moment ist zu kurz, um richtig sehen zu können, auf was sein Zug zurast. Aber H.-P. weiß, dass der Aufprall tödlich sein wird. Nur noch zwei kurze Sekunde und er wird sterben. Er muss jetzt aufwachen. Aber eigentlich ist der Traum schön, er will weiter träumen, weiterfahren. In letzter Sekunde wacht er auf und liegt mit klopfendem Herzen im Bett.

In einem anderen Traum kehrt Dettmar nach langer Zeit wieder zurück. Er steht unbeweglich und stumm im Treppenhaus auf einer Stufe. Es stellt sich heraus, dass er von einem jahrelang dauernden Aufenthalt in einer Reha Klinik zurückgekehrt ist. Der Unfall hat aber deutliche Spuren hinterlassen: Er kann nicht mehr reden und im Gesicht hat er viele Narben. Das Sprechen haben die Ärzte also nicht mehr hinbekommen, denkt H.-P. Aber er steht vor ihm und es ist wahr, dass er lebt. Er war einfach nur sehr lange Zeit weg. Wenn H.-P. aus diesem Traum erwacht, braucht er längere Zeit, um zu realisieren, dass Dettmar in Wirklichkeit tot ist.

24 Lebenslanges Geheimnis

Zwei Jahre später bekam Onkel Peter Krebs. Im Krankenhaus operierte man ihm die Geschwülste heraus, aber schon nach wenigen Monaten wuchsen sie wieder nach und sie wurden wieder entfernt. „Stell dir vor, sie haben Peters kaum verheilte Narbe nach nur drei Monaten wieder aufgeschnitten", erzählte H.-P.s Mutter entsetzt. Peters Krebs wucherte unaufhörlich weiter. Bei der dritten und letzten Operation schnitten ihn die Ärzte nur noch auf, um ihn, ohne den Krebs zu entfernen, wieder zu zunähten. Dann wurde er aus dem Krankenhaus entlassen. Als sein Vater sich bei dem Operationsarzt nach Peter erkundigte, schüttelte der Arzt seinen Kopf und sagte: „Sie können sich nicht vorstellen, wie es in ihrem Bruder aussieht".

H.-P. besuchte Peter mit Vater in seiner Wohnung. Peter lag vor Schmerzen stöhnend im Bett. Sein Vater beugte sich unbeholfen über ihn, drückte ihn an sich und gab ihm einen Kuss. Der Vater war nie zärtlich, dass er Peter küsste überraschte sehr. Peter musste geahnt haben, dass die Zärtlichkeit seines Bruders dem Ernst seiner Lage geschuldet war. Er sagte, wir sollten nicht glauben, dass er nicht aufstehen könne, und zum Beweis stieg er behend aus dem Bett. Nach einer kurzen Unterhaltung im Sitzen legte er sich jedoch wieder hin und drehte sich auf die Seite. Er sagte, dass dies die einzige Stellung sei, in der die Schmerzen auszuhalten seien. Dann dämmerte er wieder ein und sie gingen leise, ohne sich zu verabschieden, aus der Wohnung.

Eine Woche später starb er. Am Tag vor seinem Tod haben ihn Mutter und Vater im Krankenhaus besucht. Mutter hatte ihr Strickzeug ausgepackt, Peter beobachtete sie und sagte grinsend:

„Liessche, pass bloß uff, dass de des richdisch mächst und ich en scheene Pullover zu Weihnachte bekomm“.

Einige Jahre später bekam auch H.-P.s Vater Krebs. Er musste ein Martyrium an Operationen über sich ergehen lassen. Nach der zwölften OP entfernte man ihm die Blase und legte einen künstlichen Ausgang. Dies rettete ihm zwar sein Leben, aber innerlich starb er. Er konnte sich über nichts mehr freuen. Leider sollte es auch allen um ihn herum so ergehen. Am meisten litt seine Frau unter ihm. Er ging tagelang nicht aus dem Haus und verbrachte die Zeit in seinem Sessel sitzend, ohne ein Wort zu reden. Er wartete, dass die Zeit verging und sein Leben bald ein Ende nehmen würde. Am meisten litt H.-P.s Mutter darunter. Sie musste bei ihm sitzen und durfte nur die notwendigste Hausarbeit verrichten, so dass die einst tadellos saubere Wohnung allmählich verkam. Seine Kinder, Mutters Verwandte, seine Freunde, alle bemühten sich um ihn. Wiederstrebend ließ er Besuche zu und nahm nur gelegentlich eine Einladung an. Nach und nach vergraulte er seine Freunde und Verwandten bis nur noch seine Frau, seine Schwester und H.-P. übrigblieben. So lebte er noch zehn weitere Jahre.

Nach seinem Tod behielten die meisten Menschen ihn nur als einen abweisenden, unhöflichen und geizigen Menschen in Erinnerung. H.-P. kannte ihn besser, für ihn war er ein Anderer, als der er in den vergangenen 10 Jahren gewesen war. Er hatte gespürt, dass sein Vater in seinem Inneren oft gerne anders, besser, irgendwie liebenswürdiger, gewesen wäre. Aber ihm fehlte eine gute Kindheit, in der er Liebe und Güte hätte erfahren können. H.-P. wollte aber einen Vater in Erinnerung behalten, der auch diese guten Seiten gehabt hatte. So kramte er schöne

Kindheitserinnerungen hervor und schrieb sie auf. Er wollte, dass auch sein Vater schöne Momente in seiner Kindheit gehabt hatte. H.-P. versuchte sich ein Bild seiner Kindheit zu machen und dachte an den Vater seines Vaters. Er ahnte, dass auch der Großvater keine gute Kindheit gehabt haben musste.

Seinen Großvater Sebastian hatte H.-P. nie kennengelernt, er starb ein halbes Jahr nach seiner Geburt. Weder sein Vater, noch Peter oder seine Mutter haben genug von ihm erzählt, dass er sich daraus ein Bild hätte formen können. Das Wenige, was er wusste war, dass er aus Dörlesberg kam und in Frankfurt im Gaswerk und später als Kutscher gearbeitet hatte.

H.-P. erkundigte sich beim Pfarramt in Dörlesberg nach den Kirchenbüchern. Man sagte ihm, dass diese bis in das 16. Jahrhundert und früher erhalten wären und dass er sie einsehen könne. Die Kirchenbücher seien aber wegen einer Gemeindezusammenlegung nach Reicholzheim überführt worden.

H.-P. fuhr nach Reicholzheim und fand den Geburtseintragung seines Großvaters, sowie den Namen seiner Mutter: Martina Platz. Bei ‚Vater' stand ‚unbekannt'.

Sebastian hatte es geschafft, sich aus der dörflichen Enge zu befreien und nach Frankfurt zu gehen. Hier hatte er ein neues Leben begonnen. Ein Leben ohne Stigma, ein Leben in dem niemand wusste, dass er ein uneheliches Kind war. Er lernte Emma kennen und aus der Ehe gingen fünf Kinder hervor. Seiner Tatkraft, seinem Willen war es zu verdanken, dass H.-P.s Vater und später H.-P. zur Welt kamen.

H.-P. beschloss den Weg seines Großvaters in umgekehrter Richtung, von Frankfurt zurück nach Dörlesberg, zu gehen. Auf dieser Wanderung entstand die Geschichte seiner Kindheit und Jugend.

Aber er wusste nichts Greifbares über die Kindheit seines Vaters. Es gab noch einen Zeitzeugen aus der Jugend. Es war Vaters Freund Hermann, der in Frankfurt lebte. Er berichte H.-P. von Kindheitserlebnissen aus Sachsenhausen. Wie sie sich mit Gelegenheitsarbeiten ein paar Pfennige verdienten. Oder wie sie zum Baden vom Eisernen Steg in den Main gesprungen waren. Sein Vater, der noch zu klein war und nicht schwimmen konnte, musste am Ufer stehen und ihnen zuschauen. Dann sei er einfach in den Main gesprungen. Strampelnd und prustend hatte er es zurück ans Ufer geschafft und gesagt: „Was ihr könnt, kann ich aach".

Auf die Frage nach seinem Großvater sagte Hermann: „Der Sebastian war ein guter Kerl,- zu gut ...". Aber der Fritz, dass sei der allergrößte in der Familie gewesen. Dann erfuhr H.-P., weshalb er Fritz so verehrte. Hermann erwähnte beiläufig, so als ob es eine allseits bekannte Tatsache sei, dass die Brüder im Kalmenhof waren. Mit Freude erzählte Hermann die Geschichte, wie Fritz Peter dort besuchte und dem Wärter des Kalmenhofes beigebracht hatte, seinen Bruder nicht mehr zu schlagen.

Kalmenhof war der entscheidende Hinweis. H.-P. brachte in Erfahrung, dass es den Kalmenhof noch heute gibt und im Landeswohlfahrtsverband Hessen ein Archiv existiert. Dort liegen die Akten aus der NS-Zeit, die der Vernichtung durch die Nazis entgangen waren. Er fuhr zum Landeswohlfahrtsverband nach Kassel und entdeckte nur die Akte ‚Peter Baum'. Die zuständige wissenschaftliche Leiterin hatte auch einen Blick darauf geworfen und fragte sich mehrmals, wie es möglich war, dass Peter überlebt hatte. Ursprünglich war der Kalmenhof ein Krankenhaus für psychisch Kranke. Ab 1930 wurde es um ein sogenanntes Psychopatenheim für körperlich, geistig und sozial Auffällige erweitert. Anfänglich wurden einzelne Heiminsassen (Zöglinge) nach dem Gesetz zur Verhütung erbkranken Nachwuchses sterilisiert. Ab 1940 wurde im vorauseilenden Gehorsam das Euthanasieprogramm der Nazis umgesetzt. 1942 stoppten die Nazis, auf Apelle des Papstes hin, das Programm. Nach anfänglichen Schwierigkeiten, die mit den zum Töten verbliebenen Kindern zusammenhingen, wurde im Kalmenhof eine sogenannte „Kinderfachabteilung“ eröffnet. Dort wurden die Kinder durch Aushungern ermordet. Waren sie besonders wiederstandfähig, gab man ihnen eine Giftspritze. Nur wenige, brauchbare Zöglinge, die für die Wehrmacht oder den Betrieb der Anstalt arbeiteten, überlebten den Kalmenhof. Alle anderen starben. Bis zum Kriegsende waren es mehrere Tausend.

Peter hatte den Kalmenhof überlebt. In seiner Akte stand, dass er ein aufmerksamer, versteckt formuliert, liebenswürdiger Zögling war. Dass allein konnten ihm nicht das Leben gerettet haben. Die einzige Erklärung war Fritz. Nun verstand H.-P., welche Bedeutung Fritz in der Familie Baum gehabt hatte.

H.-P.s Vater wollte ihm den Namen Friedrich geben, aber seiner Mutter gefiel er überhaupt nicht. Ihr gelang es, ihn mit dem Argument, dass Hans-Peter eine schöne Vereinigung seines und seines Bruders Namen sei, zu überreden. Sein Vater stimmte zu, aber er bestand auf dem zweitem Namen Friedrich.

H.-P.s Vater hatte immer wieder betont, dass die Kindheit seines Sohnes besser als seine eigene und Peters sein sollte. Aber er erzählte nicht, was schlecht an seiner Kindheit war und was an der seines Sohnes besser sein sollte.

Vielleicht war es so, dass H.-P.s Vater in seinem Sohn die Entschädigung für sein eigenes Schicksal sah. Er sollte nicht, wie er und sein Bruder, von den Nazis gedemütigt und mit dem Tod bedroht werden. Er sollte die Stärke von Fritz haben, um alles Unrecht abzuhalten. Sein Leben sollte das ihm und seinem Bruder widerfahrene Unrecht wieder gut machen.

Was Hans-Peter in seinem Leben erreichte, nahm sein Vater wohlwollend zur Kenntnis. Aber H.-P. hatte immer das Gefühl, dass sein Vater etwas Anderes von ihm erwartete. So sehr er sich auch bemühte, es blieb immer eine Unzufriedenheit zurück.

Vielleicht wäre er mit diesem Buch zufrieden.

Ende